Dr. Wilfried Weustenfeld

Zauberkräuter von A–Z

Heilende und mystische Wirkung

VERLAG PETER ERD · MÜNCHEN

Weustenfeld, Wilfried:
Zauberkräuter von A - Z : heilende und mystische Wirkung /
Wilfried Weustenfeld. - München : Erd, 1995
ISBN 3-8138-0371-6

Umwelthinweis
Alle bedruckten Materialien dieses Buches sind
chlorfrei und umweltfreundlich

Umschlaggestaltung: B.K.S. Werbeagentur GmbH, Unterhaching
Lektorat: Annette Nolden-Thommen M. A.
Redaktion: Dr. Sabine Klöhn-Tuttas
Illustrationen: Julia Bütow
Copyright © Verlag Peter Erd, München 1995
Alle Rechte, auch die des auszugsweisen Nachdrucks,
der Übersetzung und jeglicher Wiedergabe, vorbehalten.
Satz: Utesch Satztechnik GmbH, Hamburg
Printed in Germany
ISBN 3-8138-0371-6

Inhalt

Vorwort

Oh, große Kräfte sind's,
Weiß man sie recht zu pflegen,
Die Pflanzen, Kräuter, Stein
In ihrem Innern hegen.–
(Shakespeare, Romeo und Julia)

Zu allen Zeiten haben sich die Menschen bemüht, natürliche Heilkräfte in der Pflanzenwelt zu entdecken und als Mittel gegen ihre Leiden zu nützen. Aber nicht nur körperliche Krankheiten bedrohten unsere Vorfahren. Dazu kam die Angst vor dem Unerklärlichen, vor Naturkatastrophen, vor Schicksal und Unglück, dem Fluch von Menschen und Dämonen, vor Hexen, Teufeln und bösen Geistern aller Art. Andererseits sehnte man sich, uralten Wünschen entsprechend, nach bleibender Jugend, nach einem Blick in die Zukunft, nach Erfolg in der Liebe, nach Unverwundbarkeit, Reichtum und Wohlstand. Ein Mittel, das Heilung, Schutz sowie Erfüllung dieser Sehnsüchte versprach, waren die Zauberpflanzen, die in der Regel zu den bekannten Heilkräutern gehörten. Ihre natürlichen Heilkräfte konnten mit Hilfe bestimmter Besprechungsformeln und Rituale beim Sammeln und Anwenden auch auf den übernatürlichen Bereich ausgedehnt werden, so daß sie dem Menschen zusätzlich als ein seelisches Schutz- und Heilmittel dienten.

Seit Urzeiten steht der Mensch mit der Welt der Pflanzen in einer besonders engen Lebensgemeinschaft. Unsere Vorfahren hielten die ganze Natur für belebt und sprachen Pflanzen auch eigene Empfindungen zu. Götter, Geister und Menschen konnten sich in Pflanzen verwandeln; aus Blumenkelchen wuchsen Kinder; die Bäume wurden von Nymphen bewohnt, die mit ihnen lebten und starben; Trauernde klagten ihr Leid den Wäldern und die germanische Göttin Freia nahm allen Gewächsen den Eid ab, ihren geliebten Sohn Baldur nicht zu verletzen. Pflanzen, Naturerscheinungen und Menschen waren schicksalhaft miteinander verbunden. Das Überleben hing ab vom Wissen um die natürlichen und magischen Kräfte der Pflanzen, das man durch Beobachtung und Erfahrung gesammelt und seit heidnischer Vorzeit an die nachfolgenden Generationen weitergegeben hat-

te. In der Überlieferung, in Sage und Legende, Brauchtum und Volks-
weisheit fanden diese Kenntnisse ihren Niederschlag. Auch die Kirche konnte oder wollte diesen Mythos nicht ausrotten; sie gab ihm
nur einen christlichen Rahmen.

Heute erleben wir, trotz oder gerade wegen unseres nüchtern-tech-
nischen Zeitalters, ein Wiederaufleben des Interesses am Erbe unserer Vorfahren. Nicht Rückfall in mittelalterlichen Aberglauben,
sondern Rückbesinnung auf Wahrheiten einer anderen Bewußtseins-
ebene, die nicht »logisch« im Sinne des naturwissenschaftlichen Den-
kens ist, auf dem Hintergrund des Glaubens an die Einheit der ganzen Natur – das soll uns der Umgang mit den 24 Zauberkräutern
dieses Buches lehren.

· A L A N T ·

Alant Inula helenium

Andere Namen
Odinskopf, Helenenkraut, Glockenwurzel, Galant (Galgant), britannisches Kraut

Pflanzensteckbrief
Eine ausdauernde, bis über ein Meter hohe Pflanze mit ungleich gezähnten, herzförmig zugespitzten handgroßen Blättern und ausladenden gelben Blütentellern, Blütezeit Juli bis August. Alant wird in Gärten als Zier- und Heilpflanze angebaut, wächst aber auch wild auf Feuchtwiesen, an Ufern und Waldrändern. Gesammelt wird der faustgroße, knollig verdickte, ästige Wurzelstock im Frühjahr (März) oder Herbst (Oktober).

Heilwirkung
Die Wurzel enthält ätherische Öle, Bitterstoffe, Alantkampfer, Inulin; Verwendung als keimtötendes Mittel bei Bronchitis, Bronchialkatarrh, Keuch- und Reizhusten; sie gilt ferner als pilz- und tumorhemmend. Vorsicht bei größeren Gaben (Magen-Darm-Beschwerden, Schleimhautreizungen!).

Volksglauben
Alant wurde schon in der Antike als Arznei- und Genußmittel sowie als Würzkraut (zu Schweinebraten) verwendet. Durch christliche Mönche aus Italien kam er in die Kloster- und Bauerngärten des Nordens. Nach griechischer Sage hielt Helena bei ihrer Entführung durch Paris einen Alantstrauch in ihren Händen; daher der Name »Helenenkraut« (Inula »helenium«). Von den Römern wurde er »das britannische Kraut« genannt, weil er nach ihrer Ansicht auf den zwischen Germanien und Britannien gelegenen Inseln gefunden wurde. Dort mußte man ihn vor dem ersten Donner des Jahres sammeln, sonst war er nicht heilkräftig. Als Caesar nach Germanien kam, traf er dort jenseits des Rheines in der Nähe des Meeres auf eine vergiftete Süßwasserquelle: Wer zwei Jahre aus ihr trank, bekam Mundfäule und danach ein Leiden in den Kniegelenken, wogegen nur Alant half. Die braven Friesen, die dies wußten, teilten ihre Kenntnis den Römern mit und machten sie gesund. Alant

verscheucht den Alp, verhütet Zauber und Behexung und schützt vor Gewittern. Außerdem vertreibt er Krankheiten, die auf dem Einfluß von Dämonen beruhen, wie Besessenheit, Alpdruck und Hexenschuß. Dazu mußte aber das Kraut um Heilung angerufen werden. Ein angelsächsischer (altenglischer) Kräutersegen, etwa aus dem elften Jahrhundert, beschwört den Alant wie folgt:»Gehe am Donnerstagabend, wenn die Sonne untergegangen ist, dahin, wo du Alant (angelsächsisch »elene«) stehen weißt; singe dann das Benedicite und Paternoster und die Litanei und stecke dein Messer in das Kraut; laß es daran stecken; gehe hinweg. Gehe wieder hin, wenn Tag und Nacht sich eben scheiden; in derselben Morgendämmerung gehe zuerst zur Kirche und segne dich und befiehl dich Gott ... grabe das Kraut aus, laß das Messer daran stecken ... lege es unter den Altar ... wasche es dreimal in Milch; gieße dreimal Weihwasser darauf; sing ein Paternoster und Credo und Gloria in excelsis Deo darüber und singe über ihm eine Litanei und umschreibe ihn mit einem Schwerte auf vier Seiten im Kreuz(?), und er trinke den Trank; dann wird ihm bald wieder besser sein.«

Viele Kräutersegen stammen aus germanischer Zeit. Die Kirche verbot die Verwendung solcher heidnischen Sprüche und Formeln beim Sammeln und Anwenden der Kräuter, gestattete aber den Gebrauch des Vaterunsers und des Glaubensbekenntnisses (so um 900 der Theologe Regino von Prüm). Germanische Pflanzenbräuche und -sprüche sind daher zumeist nicht direkt überliefert, sondern auf dem Umweg über die lateinischen Geschichtsschreiber. Mönche und weltliche Priester brachten sie dann wieder unter das Volk. Dabei wurden die heidnischen Segenssprüche »entschärft«. So entstanden oft Pflanzensagen und -bräuche, in denen sich heidnisches Gedankengut und christliche Anrufung und Segnung mischten und durchdrangen. Aus einer solchen Verbindung entstanden auch Datum und Brauch der christlichen Krautweihe am 15. August (bzw. dem Sonntag danach), dem Tag Mariä Himmelfahrt. Ursprünglich wohl als ein germanisches Naturfest (Erntedank) gefeiert, übernahm sie die Kirche in den Jahreskreislauf ihrer Feste (ähnlich dem Johannisfest am Tag der alten Sommersonnenwende). Sie bildete die Krautweihe zu einem im gesamten deutschen Sprachraum nachweisbaren Brauch aus, der offiziell im Jahre 813 auf der Mainzer Synode und 818 auf dem Aachener Konzil eingeführt wurde. Das Fest wurde aber wohl schon viel früher gefeiert, denn bereits im Pfälzer Kodex aus dem Jahre 743 finden wir ein Verbot der Kräuterweihe – offenbar, weil zuviel Aberglaube aus vorchristlicher Zeit damit einherging. Das sollte sich auch später kaum ändern. Sebastian Frank von Wörd beschreibt in seinem »Weltbuch oder Cosmographey« von 1534 den alten Brauch wie folgt: »da tregt alle Welt obs, büschel, allerley Kreuter in die Kirchen zu weihen, für alle sucht und plag überlegt, bewert. Mit disen Kreutern geschicht seer vil Zauberey.« Und in einer älteren Quelle (zitiert bei FRANZ, Die kirchlichen Benediktionen im Mittelalter, erster Band) wird der Brauch wie folgt beschrieben: »Hat ein jeglichs Schuolerin ain Stab mit Ruothen oder sunst ain grünen Stab oder schmeckhete (wohlriechende Pflanzen) in der Handt tragen. Es seyndt vasst vil Weywüsch geweücht worden.« Nach alter Überlieferung mußten alle Pflanzen, die zum Krautbund (Weihebusch, Würzbusch, Sange, Krautwisch) gebunden wurden, am Donnerstag vor Mariä Himmelfahrt, vor Sonnenaufgang und ohne Messerschnitt, gesammelt werden. Da sich alle Heilkräuter auf diesen Tag besonders freuen, blühen sie schöner und haben stärkere Heilkraft als zu anderen Zeiten. Der Strauß der Kräuter, der an Mariä Himmelfahrt (der Tag heißt auch Mariä Würzweih, Büschelfrauentag oder großer Frauentag) von Frauen und Kindern zur Segnung zum Altar getragen wird, besteht aus einer bestimmten – von Ort zu Ort wechselnden – Zahl und Zusammenstellung. Die Anzahl schwankt zwischen neun (selten: sieben) und 77 (selten: 99) unterschiedlichen Kräutern. Oft werden von jeder Art drei Exemplare in den Busch gebunden; die Mitte wird dabei, z.B. in Oberkirchen im Sauerland, vom Alant besetzt. Statt des Alants wird in anderen Gegenden die Königskerze, seltener auch ein Sommerapfel eingebunden, der nach der Weihe unter der Familie aufgeteilt wird. Im Sauerland, wo der Strauß – regional verschieden – aus 24 bis 33 Kräutern besteht, müssen so viele gelbe Blütenscheiben des Alants im Strauß sein, wie »Kuhköpfe« im Stall stehen. Zu den Pflanzen, die fast überall im Krautbund vorkommen, gehören Baldrian, Beifuß, Wermut, Rainfarn und Schafgarbe, außerdem werden meist einige Getreideähren zugesteckt. Nachdem der Strauß geweiht ist, nimmt man ihn mit nach Hause und bewahrt ihn dort ein Jahr lang auf; in Bayern steckt man ihn auch in den Herrgottswinkel. Zieht ein Gewitter auf, dann wirft man zur Vorsicht einige Kräuter davon ins Feuer. In den vier Rauchnächten räuchert man Häuser und Ställe gegen Dämonen und Geister damit aus; man gibt sie dem kranken Vieh ins Futter, den Vermählten ins Bett und den Toten in den Sarg.

·BALDRIAN·

Baldrian *Valeriana officinalis*

Andere Namen
Bullerjan, Bertram, Katzenkraut, Theriakwurzel, Vollerjanspipe

Pflanzensteckbrief
Die bis 1,70 Meter hohe, ausdauernde Pflanze hat unten gestielte,
unpaarig gefiederte Blätter, die gezähnt oder ganzrandig (oben) sind.
Stengel mit Längsfurchen, hohl; Blüten weiß bis rötlich-weiß, in endständigen Doldenrispen, stark riechend. Baldrian blüht von Juli bis
September an Wald- und Wegrändern, Feuchtwiesen, Gräben, Öd-
landflächen; verwendet wird die nach der Blütezeit im September
oder Oktober gegrabene Wurzel.

Heilwirkung
Baldrianwurzel, als Aufguß, Tinktur oder Extrakt angewendet, ist ein
hervorragendes Beruhigungsmittel, das den Kopf freiläßt und Kon-
zentration und Leistungsfähigkeit nicht beeinträchtigt. Anwendungs-
bereiche sind: Einschlafstörungen, psychische und motorische Unru-
he, Angst- und Spannungszustände (z. B. vor Prüfungen) sowie nervös
bedingte krampfartige Schmerzen im Magen-Darm-Bereich.

Volksglauben
Der Edelhirsch, auf dem die germanische Göttin Hertha ritt, war mit
Hopfenranken geschmückt. Die Göttin selbst trug dabei einen Baldri-
anstengel als Gerte. Wieland, der Schmied, der auch ein kundiger
Arzt war, heilte mit Baldrian; daher der Name »Velandswurt«. Einerseits zieht Baldrian wegen seines starken Geruchs Katzen an, andererseits war Baldrian ein natürliches Mittel gegen Hexen, Teufel und
unreine Geister aller Art: »Baldrian, Dost und Dill – kann die Hex
nicht, wie sie will.« Gerade solche biologischen Besonderheiten von
Pflanzen, Abweichungen vom »Normalen«, ein gewisses »Aus-der-Rei-
he-Tanzen« waren es, welche Einbildungskraft und Phantasie unserer
Vorfahren anregten. Dazu gehörten neben dem Duft Auffälligkeiten
in Blüte, Frucht und Wachstum einer Pflanze. Bei der Christrose, deren »Blum uff die Christnacht sich uffthut und blüet« (Otto Brunfels,
1532) war es die ungewöhnliche Blüte im Winter. Der Farn fiel auf,

weil man bei ihm keine Blüten findet, die Mistel, weil sie im Winter grün am entlaubten Baum sitzt. Ein merkwürdiger Wurzelstock lenkte die Aufmerksamkeit auf Salomonssiegel, Teufelsabbiß oder gewisse Orchis-Arten. Oder es war der ausgeprägte Geruch, der die Pflanze interessant machte, wie bei Kümmel, Dill, Dost, Quendel und Baldrian, besonders, wenn das Kraut mit einem abweisenden Gestank gesegnet war. Solche Kräuter wurden dann auch meist zum Ausräuchern von Haus und Ställen benutzt.

Baldrian, am Himmelfahrtstag gesammelt und über die Stalltür gehängt, schützt in Oberhessen vor Zauberei. Kränze aus Baldrian hing man früher in Braunschweig über Stubentüren und Stalltoren auf. Beim Öffnen mußten sie normalerweise in Bewegung geraten, taten sie dies wider Erwarten nicht, so war klar, daß eine Hexe eingetreten war. Wenn sich die Milch nicht buttern ließ – ein Streich, den die Hexe gern der Bäuerin spielte! – mußte sie in Mecklenburg durch einen Kranz von Baldrian gegossen werden. Alle Kühe waren gefeit, wenn man zuvor in ihre Tränke Baldrian gelegt hatte. Das kranke Euter der Kühe läßt sich mit Baldriansaft heilen; Baldrianblüten schirmen den Bienenstock vor Raubbienen ab und Brautleute tragen Baldrianblüten bei sich, weil Elfen leicht auf sie neidisch sein könnten. Denn: Wenn zwei Menschen den Bund fürs Leben schließen, erregen sie dadurch leicht Neid und Mißgunst bestimmter Geister – hier der Elfen; trägt man Baldrianblüten bei sich, so kann man diesem Zauber vorbeugen und sich vor Ungemach schützen.

Auch der Teufel fürchtete den Baldrian, denn er ist ein gutes Mittel, um ihn auszuräuchern. Im oberen Sauerland in Westfalen heißt es: »Durant, Dust un Bollerjon lat den Duiwel no haime gohn.« In Mecklenburg erzählt man sich folgende Geschichte: Einst wollte ein Junge sonntags im Walde Nüsse pflücken, als ihm der Teufel begegnete. Dieser konnte ihm jedoch nichts anhaben, weil ihm beim Laufen etwas Baldrian in die Schuhe gekommen war. Als das der Böse merkte, schrie er:

»Seg eck nich den Bullerjan
eck wull met di noetplücken gan,
da dei ogen in'n Nacken sulln stan!«

D. h. ohne den Baldrian hätte der Teufel ihm den Hals umgedreht!

Die Zauberkraft aller Pflanzen kann gesteigert werden, wenn man sie in richtiger Weise »bespricht«, also anruft oder beschwört. Von Freidank, dem fahrenden Dichter (gest. 1233), der für seine Spruchweisheiten in Zweizeilerform bekannt war, stammt der Satz: »krut, steine unde wort / hant an kreften grozen hort.« Hier wird das Wort im gleichen Atemzug mit der Natur (Kraut und Steine) genannt, da beim Heilen von Krankheiten die Macht des gesprochenen Wortes die Kräfte der Pflanzen überhöhen und steigern kann. So ist aus Mecklenburg überliefert, daß man beim Ausgraben der Wurzel des Baldrians den Spruch singen muß:

»Balderjan!
Most upestan! Most hengan!
Most helpen allen Minschenkindern
Un allen Nawersrindern.«

In der überlieferten Kräutermedizin hatte Baldrian einen großen Anwendungsbereich; er galt gewissermaßen als Allheilmittel. Daher rührt auch sein weiterer Name »Theriakwurzel«, denn der Theriak war bis ins 18. Jahrhundert ein Arzneimittel für vielerlei Krankheiten. Sein Rezept enthält mitunter Opium und Schlangenfleisch und geht in seiner ältesten Form schon auf Kaiser Neros Leibarzt Andromachus (um 60 n. Chr.) zurück.

Die Bedeutung des Baldrians als Mittel gegen die Pest wird von Jakob Tabernaemontanus aus Bergzabern in seinem zwischen 1588 und 1731 immer wieder verlegten Kräuterbuch dargestellt. Er hält, »wann nun einen die Pestilentz angestoßen hätt«, eine Mischung Wurzelpulver aus Baldrian, Bibernell, Weißwurz, Tormentill, Alant, Teufelsabbiß, Drachenwurz, Meisterwurz und Diptam für angebracht. Als in Oberfranken einst die Pest ausbrach, erschienen »Holzfräulein« aus dem Wald und riefen:

»Eßt Bimellen (Bibernell) und Baldrian,
So geht euch die Pest nicht an!«

Oder in anderer Fassung:

»Baldrian und Bibernell
Hält die Pestilenz zur Stell.«

Im Volksreim lebt die Zauberkraft des Baldrian weiter. So sagt man in Sachsen: »Trinkt Baldrian, sonst müßt ihr alle dran!« und in Schlesien: »Koch, koch, Baldrian – es wird schon wieder besser wa'n!«

·BEIFUSS·

Beifuß *Artemisia vulgaris*

Andere Namen
Gänsekraut, Mugwurz, Sonnenwendkraut, wilder Wermut

Pflanzensteckbrief
Der bis 1,80 Meter hohe, stark verzweigte, oft violett überlaufene
Stengel trägt gefiederte, unten weißfilzige Blätter und kleine grünliche bis braune Blütenähren. Beifuß blüht von Juli bis September auf
Schutthalden, Brachen, Ödland und an Wegrändern. Gesammelt
wird die Wurzel April bis Mai und September bis November; das blühende Kraut im Juli und August.

Heilwirkung
Ähnlich, aber schwächer als der verwandte Wermut, wirkt Beifuß bei
Magen-Darm-Erkrankungen, wie Magenkrämpfen, Blähungen, Ga-
stritis, Völlegefühl und Appetitlosigkeit, ferner gegen Würmer sowie
bei Menstruationsbeschwerden. Im übrigen Bedeutung als Küchen-
gewürz (z. B. zur Gans).

Volksglauben
Der lateinische Name leitet sich von der Göttin Artemis, der Beschüt-
zerin der Gebärenden, ab. Noch im Mittelalter wandte man das Kraut
bei Frauenleiden aller Art an (ein »sonderlich frawenkraut«). So hilft
es etwa, auf den Nabel gelegt, bei Kindsnöten, doch soll man, »sobald
das Kind geboren wird / das Kraut wieder abnehmen / sonst bringt
es großen Schaden«. Im Zauberwesen hat der Beifuß aber noch ganz
andere Kräfte: er treibt – im Hause aufbewahrt – den Teufel in die
Flucht; Beifußwurzeln über der Eingangstür schützen das Haus vor
Feuer und Dämonen. In einem alten angelsächsischen »Neunkräuter-
segen«, in einer wohl aus dem 11. Jahrhundert überlieferten Handschrift enthalten, werden neun Kräuter namentlich angerufen, wobei
der Beifuß als das »älteste der Kräuter« an erster Stelle steht. Dort
heißt es (in der deutschen Übersetzung des Anglisten Johannes
Hoops von 1889):
> »Erinnere du dich, Beifuß (mucgwyrt), was du verkündetest,
> was du anordnetest in feierlicher Kundgebung.

Una heißest du, das älteste der Kräuter;
du hast Macht gegen 3 und gegen 30,
du hast Macht gegen Gift und gegen Ansteckung,
du hast Macht gegen das Übel, das über das Land dahinfährt.«
Im 15. Jahrhundert wird in einer Wolfsthurner Handschrift der Beifuß gerühmt: »Artemisia ist ain kraut, daz ist unter allen wurczen mein traut; der kraft ist teure, sy vertreibet alle ungeheure. Ob du furchtest czauber, so hab ir vier pundel (Bündel) in de chemenaten, wan dir schaden die unholden nicht an chinden, noch an viech, noch an chainer slacht ding...« Und ähnlich heißt es im »Gart der Gesundheit«, einer von Peter Schöffer 1485 erstmals in deutsch herausgebrachten Zusammenstellung älterer Werke: »wer Byfuß in synem huß hait dem mag der tuffel (Teufel) keyn schaden fugen... wer der byfuß wurtzeln über die dore des huses leget ader (oder) hencket dem huse mag nichts obles (Übles) ader ungehurekeit (Schreckliches) zugefuget werden.« Wer Beifuß an die Füße bindet oder in die Schuhe legt, ermüdet nicht beim Wandern (der heilige Josef soll seine wundgelaufenen Füße mit Beifuß geheilt haben) und ist gefeit vor Bissen von Hunden und Schlangen; allerdings muß das Kraut im Sternzeichen der Jungfrau (24.8.–23.9.) gegraben worden sein. Beifuß ist ein Abwehrzauber gegen das Nestelknüpfen (das einem ein bestimmtes Verhalten aufzwingen will) und verjagt alle Geister, die Eheleuten schaden wollen. Behexte Milch und verschrieene Eier werden durch einen Schlag mit dem Beifußstengel entzaubert. Beifuß hilft aber auch gegen die Schwindsucht. In England (Galloway) war ein junges Mädchen so erkrankt, daß ihre Lieben verzweifelt waren; da sang plötzlich eine weise Meerfee (sinngemäß):
»Ihr laßt sterben das Mädchen in Eurer Hand,
Und doch blüht die Mugwurz rings im Land.«
Als man der Kranken nun den Saft der Mugwurz (von keltisch: micglo = wärmen) gab, genas sie sogleich. In einer anderen Geschichte war das Mädchen bereits an der Schwindsucht gestorben. Als die Meerfee sah, wie ihre Leiche am Hafen von Glasgow vorbeigeführt wurde, sang sie:
»Wenn sie Nesselsaft tränken im März,
und Mugwurz äßen im Mai,
so ginge noch manch fröhliche Maid
munter am Ufer des Clay.«

Beifuß hat schließlich eine besondere Bedeutung als eines der sogenannten Johanniskräuter. Darunter versteht man bestimmte Kräuter,
die am Tag der Sommersonnenwende (24. Juni) – die heidnische
Feier wurde von der Kirche zum Johannisfest verchristlicht! – in voller
Blüte stehen, wie z. B. die Arnika oder der Hartheu (das echte Johanniskraut). Was die Natur an diesem Höhepunkt des Sommers hervor-
bringt, ist von besonderer Güte und Kraft. Nicht wenige Pflanzen werden erst dadurch heil- und zauberkräftig, daß man sie am Johannistag
in der Mittagsstunde pflückt. Am Vorabend des Johannistages lodern
nach altem, in ganz Europa verbreitetem Brauch überall die Johannisfeuer (Sonnwendfeuer) empor. An diesem Tage gürtet man sich
mit Kränzen aus Beifuß (und Eisenkraut), den Sonnwendgürteln,
und wirf diese schließlich ins Feuer. Damit hat man dem Feuer alle im
kommenden Jahr möglichen Krankheiten übertragen und sich selbst
gesund gemacht.

Ein anderer Glaube besagt, daß man am Johannistag unter der
Wurzel des Beifußstrauchs »Kohlen« (Narrenkohlen oder Torellen-
steine) findet, welche, unter gewissen Beschwörungsformeln geho-
ben, Krankheiten heilen können oder sich gar in Gold verwandeln.
In Mecklenburg soll man, wenn im Frühjahr die erste Schwalbe an-
kommt, auf eine alte Beifußstaude treten und sich einmal im Kreise
herumdrehen mit den Worten:
»Swoelken, Swoelken / Gif mi'n Koelken (Köhlchen) / Ünner
minen linken Faut (Fuß), de is mi fört Fewer gaut.«
Dann liegt unter der Staude die Kohle; nimmt man sie in pulverisierter
Form ein, ist man gegen alle Fieber gefeit. Nach anderer Ansicht hilft
sie gegen Fieber, Fallsucht und weitere Krankheiten, wenn man sie um
den Hals trägt. Andere Überlieferungen verlangen ein Nachgraben
unter der Staude mittags Schlag zwölf Uhr, um unter der Wurzel die
(brennende) Kohle zu finden; sobald aber die Glocken ausgeläutet
haben, ist die Kohle verschwunden. Die Litauer finden die Kohlen, mit
denen man Fieber heilen kann, in der Johannisnacht zwischen elf und
zwölf Uhr. Sie werden jedoch von einem schwarzen Hund bewacht,
den man zunächst verscheuchen muß. Hieronymus Bock geißelt in
seinem bebilderten Kräuterbuch von 1546 den Aberglauben seiner
Zeit: »Diß erwürdig kraut Beifuß… ist auch in superstition (Aberglauben) und zauberey kommen, also daß etlich… suchen kolen und nar-
rensteyn darunter… Diß affenspil und ceremonien treiben nit die

geringsten zu Pareiß (Paris).« Als »Augenzeuge« steht dem aber Otto Brunfels gegenüber: »Die magi (Zauberer) graben diße wurtzel vff S.Johanns abent / so di sonn vndergadt / so finden sye darbei / schwartze körnlin an der wurtzelen hangen. Vnnd das dem also / hab ich selb gesehen / ist ein sonderlich geheymnuß was damit gehandlet würt.«

Christdorn Ilex aquifolium

Andere Namen
Stechpalme, Hülse, Alsenholz, Walddistel

Pflanzensteckbrief
Der immergrüne, in Deutschland geschützte Baum oder Strauch er-
reicht eine Höhe bis etwa 15 Meter und trägt dunkelgrüne, spiegel-
glatte Blätter, die am Rande gewellt und buchtig gestachelt sind, die
älteren oder höheren oft ganzrandig und nur vorn stachelspitzig. Blüten zwittrig oder (durch Verkümmerung des anderen Geschlechts)
eingeschlechtlich auf verschiedenen Sträuchern, unscheinbar, weiß,
gehäuft in den Blattachseln stehend, im Mai und Juni blühend. Die
leuchtend roten, erbsengroßen, giftigen Steinfrüchte sind kugelig
und enthalten vier bis fünf einsamige harte Kerne. Der Christdorn
wächst als verbreitetes Unterholz in lichten Buchenwäldern, kultiviert
in Vorgärten, Parkanlagen, auf Friedhöfen.

Heilwirkung
In den Blättern sind Gerbstoff, harzartige Verbindungen, Chlorogen-
säure, Aromastoffe, Coffein und geringe Mengen Theobromin und
Theophyllin vorhanden; ihnen wird harntreibende und fiebersen-
kende Wirkung zugesprochen; früher Anwendung auch gegen Gicht,
Rheuma sowie Entzündungen im Bereich der Luftwege. Heute sind
Aufguß oder Abkochung der Blätter Bestandteil von Diät-Teemi-
schungen und sonstigen Kräutertees. Nach dem Genuß der giftigen
Beeren treten Magen-Darm-Koliken mit Erbrechen und Durchfall
auf; es sind Todesfälle vorgekommen.

Volksglauben
Nach christlicher Legende war die Stechpalme einst eine richtige Pal-
me, deren Zweige man Christus bei seinem Einzug nach Jerusalem
auf den Weg streute. Als die Juden das »Kreuziget-ihn« riefen, beka-
men die Palmen Dornen und dienten zur Dornenkrone Christi
(Christdorn). Wie der ewige Jude seit jener Zeit zur Strafe für die
Nichtaufnahme des Herrn fort und fort wandern muß, so ist auch die
Stechpalme verdammt, im Sommer und Winter ununterbrochen zu

grünen. Ihre roten Beeren erinnern an die Blutstropfen Christi. In England wird die Stechpalme noch heute als Weihnachtsschmuck verwendet.

In Deutschland ist die Stechpalme Bestandteil des Palmstraußes. Der katholische Brauch, an Palmsonntag (Sonntag vor Ostern) den Palm (Palmbuschen, Palmwedel) zur Erinnerung an den Einzug Christi in Jerusalem in der Kirche weihen zu lassen, ist durch ein irisches Missale schon für das 7. Jahrhundert bezeugt, gründet sich aber auf ein noch älteres Frühlingsbrauchtum der Germanen. Stechpalmenzweige, von Ort zu Ort unterschiedlich mit Sadebusch, Buchsbaum, Wacholder oder Eibe, aber auch mit Haseln oder Weidenkätzchen (Palmkätzchen) zusammengestellt, ersetzen im Palmbusch die echten Palmwedel des Südens. J. W. v. Goethe beschreibt dies in seinem Gedicht »Symbole« folgendermaßen:

»Im Vatikan bedient man sich
Palmsonntag echter Palmen,
Die Kardinäle beugen sich
Und singen alte Psalmen.
Dieselben Psalmen singt man auch,
Ölzweiglein in den Händen;
Muß im Gebirg zu diesem Brauch
Stechpalmen gar verwenden.«

Nicht nur die Zusammensetzung, auch die Form des Palmbusches ist von Gegend zu Gegend verschieden; sie wechselt von Sträußchen, Kränzen, Ringen, Kreuzen bis hin zum mächtigen Busch an meterlanger Stange (Palmstecken). In Tirol verwendet man Stangen aus Haselholz, deren Rinde abgeschält wird, »damit sich die Hexen nicht zwischen Holz und Rinde verbergen können«. Ist der Palm mit bestimmten Segensformeln in der Kirche geweiht, dann trägt man ihn nach Hause und stellt ihn zum Schutz für Mensch und Tier an einem würdigen Ort auf, damit im kommenden Jahr das Anwesen von Blitz und bösen Dämonen verschont bleibt. Der Volksprediger Geiler von Kaysersberg (1445–1510) schildert die Verwendung des geweihten Palms: »Darum so sol man die palmen, die geweiht seind, eerlich halten, in den hüssern uffstecken, und ist recht, das man sie verbrent, wan es wyttert (gewittert) oder hagelt oder dunneret.« Ähnlich berichtet der lutherische Theologe Andreas Osiander (1498–1552) aus Franken über den Brauch: »Am Palmentag beschweret (beschwört) man die Palmen das alle krafft, alle macht, aller Anlauff und alles herr (Heer) des Teuffels auß dem außgewurtzelt vnd verjagt wer, das wer sie tregt alle anfechtung des teuffels mag überwinden, item das die stett darin man sie tregt geheilligt werde, also daß alles teuffel gespenst davon weychen muß...« Nicht immer wird der gesegnete Palm gleich ins Haus gebracht. Im Elsaß, in Baden, Württemberg und manchen Gegenden Bayerns muß er zunächst im Garten oder am Zaun aufgesteck werden. Erst am Ostersonntag, vor Sonnenaufgang, darf er vom Knecht ins Haus geholt werden, wofür dieser mit roten Ostereiern entlohnt wird. Im Hause wird der Palm auf Zimmer und Stall verteilt. In der Wohnstube hat er seinen Platz etwa im Herrgottswinkel, hinter dem Kruzifix, und in die Schlafkammer wird ein Zweig gebracht, um die »Trud« abzuhalten, die nachts den Schläfer drückt. Wenn ein Gewitter aufzieht, wirft die Bäuerin ein paar Palmzweige ins Herdfeuer, das aber nicht mit heller Flamme brennen, sondern nur glimmen darf; das Haus wird dann vom Blitz verschont. »Soweit der Rauch reicht, soweit hat der Wetterstrahl keine Macht«, glaubt man in Tirol. »So seind etlich, di do schlinden (verschlucken) Drei palmen an dem Palmtag«, heißt es in Vintlers »Pluemen der tugent« aus dem 15. Jahrhundert, denn wenn man drei geweihte Palmkätzchen schluckt, ist man das ganze Jahr über vor Halsweh und Fieber geschützt. Zu Ostern werden auch die Felder »gepalmt«, d. h. man steckt Palmzweige an alle vier Ecken des Feldes, damit der Bilwis (ein Korndämon) keine Macht über das Getreide erhält. Mit der geweihten Palmgerte kann man auch den Dieb auf frischer Tat ertappen. In der Steiermark legte man zwei lange Palmzweige kreuzweise in das Deelentor, wenn im Frühjahr das Vieh zum ersten Mal die Ställe verließ; die Wedel wurden ans Gatter des Weidezauns gebunden. In Baden wird mit einer Palmrute ein Kreuz auf den Rücken der Tiere geschlagen, damit sie gut gedeihen. Und auch für den Wein ist der Palmwedel gut: In der Schweiz zeigten Stechpalmenzweige früher eine Straußwirtschaft an und ein 500 Jahre alter Hinweis für den Weinwirt lautet: »Wild du ein fas mit Win bald ausschenken, so nim den ersten palm, den der priester auff die matten wirfft, leg ihn uff das fas!«

·DOST·

Dost Origanum vulgare

Andere Namen
Dosten, wilder Majoran, Wohlgemut, braune Würze

Pflanzensteckbrief
Die bis 60 Zentimeter hohe ausdauernde Pflanze hat blaß-violette bis fast weiße Blüten in Doldenrispen, mit eiförmig zugespitzten, gegenüberstehenden Blättern an kantigem Stiel; die Blüte verströmt einen würzigen Geruch; sie blüht von Juli bis Oktober an Wald- und Wegrändern, Böschungen, auf Trockenrasen; gesammelt wird die blühende Pflanze.

Heilwirkung
Dost enthält ätherische Öle, bestimmte Kohlenwasserstoffverbindungen, Gerbstoff und Bitterstoff; er wirkt verdauungsanregend, gallestärkend, krampflösend (Hustenmittel!) und haarwuchsfördernd; äußerlich wird er auch als Beigabe zu Kräuterbädern oder Umschlägen und als Gurgelwasser verwendet.

Volksglauben
Wohl wegen seines starken Geruchs gilt der Dost als umfassendes Mittel gegen alle Arten von Hexen, den Teufel und sonstige unreine Geister. Dabei wird er oft mit dem Dorant in einem Atemzug genannt: »Däoeran un Duß maket em Duiwel Verdruß!« oder »… is dem Duiwel sin Verdruß« heißt es im Sauerland. »Hättest Du net Dorant und Dosten, solltest Du's Bierle net kosten!« hörte einst eine Wöchnerin in Thüringen, die im Keller Bier holen wollte und dabei vom Teufel überrascht wurde; zum Glück hatte sie Dorant und Dost bei sich. Eine andere Frau wurde durch ein Gespenst hinaus in den Garten gelockt. Als dieses dort jedoch auf Dost und Dorant traf, warnte es heuchlerisch: »Heb auf Dein Gewand, daß Du nicht fällst auf Dosten und Dorant!« Die Frau durchschaute aber die List, weil sie die Zauberkraft des Dostes kannte. Sie warf sich deshalb auf die Pflanze und schlug dadurch das Gespenst in die Flucht. »Hättest Du nicht Dorant und Dosten, tät's Dich Dein Leben kosten!« In Schlesien heißt es entsprechend: »Taste (Dost), Dill und Dauerang – sind der Hexen Widerstand!«

Welche Pflanze hinter dem vielgenannten »Dorant« steckt, läßt sich nicht genau belegen. Zum einen soll es der rote Löwenrachen (Antirrhinum orontium) sein, ein Ackerunkraut, das auch »roter Dorant« heißt. Bei Dioscorides, dem griechischen Militärarzt, der über eineinhalb Jahrtausende hinweg mit seinen Büchern die Arzneimittelkunde beherrschte, wird er in der deutschen Fassung von 1610 Orant oder – wegen seines Aussehens – auch wilder Gauchheil genannt. Zum anderen werden oft das Leinkraut (Linaria vulgaris) als gelber Dorant, die Sumpfgarbe (Achillea ptarmica) als weißer und der Lungenenzian (Gentiana pneumonanthe) als blauer Dorant genannt. Schließlich gibt es noch ein anderes rotblühendes Akkerunkraut mit dem Namen kleiner Orant (Chaenorrhinum minus). Ein Volksspruch aus Westfalen lautet: »Stoßt mir nicht an den Dorant, sonst kommen wir nimmer ins Vaterland!« Dorant taucht hier in der Bedeutung einer Irrwurzel (Verirrwurzel) auf, die man meiden muß auf, um nicht vom Weg abzukommen. Als Gegenmittel hilft nur, die Schuhe zu wechseln und bei Frauen zusätzlich die Schürze nach hinten zu binden! »Dorant, den alten Weibern wohlbekannt!« deutet auf seine Verwendung als Mittel zur Verjüngung und zum Erhalt der Jugend.

Der Dost, der wie Dorant Gewalt über Hexen, Nixen, Kobolde und Druden besitzt, wird auch im Zusammenhang mit Dill, Baldrian und Johanniskraut genannt. »Dillen un Dust – dat hew eck nich ewußt!« schrie eine Hexe zu Hildesheim, die in einem Garten die gerade aufkeimenden Samen vernichten wollte, dabei aber mit Schrecken erkannte, daß ihr kreuzweis gesäter Dill und Dost im Wege stand. Aus dem Badischen wird die Geschichte eines Mädchens berichtet, das von seiner Patin lernen wollte, Mäuse und Gewitter zu machen; diese hatte aber den Teufel mit eingeladen. Die argwöhnisch gewordene Mutter hatte dem Mädchen jedoch heimlich Dost und Johanniskraut in die Kleider genäht. Als der Teufel das merkte, schrie er: »Dosten und Johanniskraut verführen mir meine Braut!« und entwich. In Thüringen erzählt man sich die Geschichte ähnlich; dort schrie der erboste Teufel: »Roter Dost, hätt ich Dich gewoßt, hätt ich Dich vernomme, wär ich net daher gekomme!« In der Oberpfalz wird der Dost in der Sage mit dem Widertod verbunden: »Wohlgemut und Widridad hat mich um mein feins Lieb gebracht!« Dieser »Widridad« ist eine Zauberpflanze, die manchmal Widerton (abgeleitet von entgegentun) heißt, weil sie ein Mittel des Gegenzaubers, zur Aufhebung einer bösen Verzauberung, war oder auch Widertod genannt wurde, was auf eine Anwendung zur Lebensverlängerung, also gegen den Tod, hindeutet. Gemeint damit war wohl überwiegend das goldene Frauenhaarmoos (Polytrichum commune), das auf feuchten Waldböden dunkelgrüne kugelige Teppiche bildet. Verschiedentlich wurde darunter aber auch der Tüpfelfarn (Polypodium vulgare), das Venushaar (Adiantum capillus-veneris), die Mauerraute (Asplenium ruta-muraria) oder andere Kräuter verstanden. Wegen seiner verjüngenden Kraft wird der Widerton gern in Brautkränze geflochten. Andiantum (das Venushaar), mit Wein angesetzt, vertreibt die Melancholie. Die Ägypter verwendeten es dagegen zum Wiedernüchternwerden, wie sie es vom Wiedehopf gelernt zu haben glaubten: Dieser nimmt, wenn er zuviel Trauben gepickt hat, ein Wedel Adiantum in den Schnabel, »um während der Verdauung nicht benebelt zu werden«. Zum Widerton sei noch ein »Bannsegen« aus Tirol erwähnt, der beim Ausgraben der Pflanze gesprochen werden mußte: »Grüß dich Gott, du edler Widerton! Weißt nit, was unsere liebe Frau zu dir sprach da sie dich abbrach für alles das so dem Menschen schadet? Durch dieselben Worte und durch das göttliche Wort breche ich dich ab im Namen des Vaters, im Namen des Sohnes und im Namen des Heiligen Geistes, daß du Leuten und Vieh heilsam seiest für alle Untat und was Leuten und Vieh schadet. Amen!« Dann sprich fünf Vaterunser, fünf Ave Maria, ein Credo und wiederhole diese noch zweimal.

Zurück zum Dost! Neben seiner dämonenverscheuchenden Wirkung wird ihm – Wohlgemutkraut! – auch eine Wirkung gegen die Traurigkeit zugesprochen. Im Volkslied heißt es dazu:

»Ein Blümlein auf der Heiden
Mit Namen Wohlgemut
Läßt uns der Herrgott wachsen,
Das ist fürs Trauern gut.«

Und in Grimms »Bedeutung der Blumen« heißt es: »Ein Kraut, das heißt Gemude, wer es trägt, der zeigt, daß er allzeit fröhlichen Gemütes ist, und es machen die Frauen gern Scheppele (Kränze) davon.« Auch gab man Mähern und Schnittern Dost unter das Essen, damit sie ihr Tagwerk »wohlgemuter« erledigten.

·EISENKRAUT.·

Eisenkraut *Verbena officinalis*

Andere Namen
Eisenhart, Iserat, Druidenkraut, Katzenblutkraut, Sagenkraut, Venusträne

Pflanzensteckbrief
Der bis 60 Zentimeter hohe, oben ästige, vierkantige Stengel trägt gegenständige, zumeist dreispaltige gekerbte Blätter und unscheinbare blaß-violette fünfzählige Blüten in endständigen Ähren. Blütezeit von Juni bis September; die Pflanze wächst an Mauern, in Höfen, auf Schuttplätzen, am Wegrand; gesammelt wird das blühende Kraut.

Heilwirkung
In der Volksmedizin wird Eisenkraut als entwässerndes, wundheilendes und fiebersenkendes Mittel verwendet, außerdem gegen Bronchitis, Rheuma und Menstruationsstörungen; äußerlich bei Wunden und Geschwüren, bei Augenkrankheiten und zur Mundspülung (z. B. bei schlechtem Atem).

Volksglauben
Trotz seines unauffälligen Wuchses ist das Eisenkraut seit der Antike ein berühmtes Heil-, Schutz- und Liebeskraut. Von manchen wird es gar als das »Kraut aller Kräuter« betrachtet. Von den Ägyptern der Göttin Isis geweiht, spielte es auch in der Mythologie der Griechen und Römer eine Rolle. Bei den letzteren wurde es im Opferkult zur Reinigung der Altäre des Jupiter verwendet, und keine Legion rückte zum Kampf aus, die nicht vorher von der Priesterschaft Eisenkraut erhalten hatte. Der Name erklärt sich daraus, daß mit dem Saft der Pflanze das Eisen zu Stahl gehärtet werden konnte. Nach Ansicht der Magier der Antike durfte Eisenkraut nur einmal im Jahr gesammelt werden: beim Aufgehen des Hundssterns, ohne von Sonne oder Mond beschienen worden zu sein. Wer sich dann damit salbte, erhielt alles, was er sich wünschte. Eisenkraut war auch Galliern und Germanen bekannt. Die Gallier losten und weissagten damit; ihre Priester, die Druiden, sahen darin ein Mittel, das hieb- und stichfest macht und

dessen Saft die Kampfeswunden heilt. Die Germanen brauchten es bei ihren Opfern zu Beginn eines Krieges und beim Friedensschluß. Wer sich mit dem Saft des Eisenkrauts bestreicht, »dem mög nyemants abholdt sein / man müß yn lieb haben«, und wenn man ein Gasthaus damit besprengt, »so sollen die gest alle frölich daruon werden« (so Brunfels 1532). Der Domherr und Lehrer Konrad von Megenberg (1309–1374) hatte schon früher berichtet über »daz eisenkraut, daz lieb macht unter den Menschen«. Bei Kindern fördert das Kraut den Verstand und die Lust am Lernen. Es ist außerdem bekannt dafür, den Wohlstand zu mehren und den Reichtum zu erhalten. In den Acker gesteckt, verspricht es reiche Ernte; Pferde laufen schneller, wenn man ihnen Eisenkraut an den Schwanz bindet. Der Wöchnerin ins Bett gelegt, kann weder ihr noch dem Kind etwas passieren; in der Georgsnacht zeigt es verborgene Schätze an. Es verhütet Fallsucht, Kopfschmerzen und Kropf, schützt vor Mißgeburt und Pest, aber auch vor Gespenstern und Zauberei. Keine Hexe kann das Kraut entbehren, wenn sie sich anschickt, Gewitter zu brauen oder Hexensalbe zu verfertigen. Es vermag sogar die Heilungschancen eines Kranken vorherzusagen, wie einer Handschrift des 14. Jahrhunderts aus der Wiener Hofbibliothek zu entnehmen ist: »Ein krut heizit Verbena, zu dute Yseren. Daz ist zu maningen dingen gut. Der dise wurc mit dem crute nimt und geit zu dem sichen, so daz der siche die wurc nicht inne werde, und spreche zu im: Wie gehast du dich? sprichet der siche: ich gehabe mich wol, so genest er, sprichet er aber, Ich gehabe mich übele so inkumit er des sichtumes nimmer uf.«

Eisenkraut konnte das Antoniusfeuer heilen – eine Krankheit, die vorwiegend im 10. Jahrhundert Tausende hinweggriß (wohl verursacht durch Getreidevergiftung mit dem Mutterkornpilz) und durch Gebete zum hl. Antonius zum Stillstand gekommen sein soll.

Beim Pflücken und Sammeln aller Zauberkräuter kommt es entscheidend auf das richtige Vorgehen an. Wenn die alten kultischen Bräuche nicht beachtet werden, ist die ganze Zauberkraft des Krautes nicht mehr gewährleistet – schließlich geht es um mehr als um das Brechen einiger Feldblumen für die Zimmervase!

»Verbeen, agrimonia, modelger
Charfreitags graben hilfft dir sehr,
Daß dir die frawen werden holdt,
Doch brauch kein eisen, grabs mit goldt!«

heißt es in den »Archidoxa« (1569) des Alchemisten und Arztes Leonhard Thurneysser zum Thurn. Mit Verbeen ist hier das Eisenkraut, mit Agrimonia der Odermennig und mit Modelger der Kreuzenzian gemeint – drei Pflanzen, welche die Liebe befeuern. Daß man kein Eisen zum Graben verwenden darf, hatte schon Plinius gelehrt, denn Eisen zerstört den Zauber. Auch darf man Zauberkräuter häufig nicht mit der bloßen Hand berühren, denn dadurch wird die Pflanze entweiht. Auch der Tag, an dem man die Pflanze holt, ist wichtig; an gewissen Festtagen wie Karfreitag, Johannistag oder am Tag St. Peter und Paul sind die Zauberkräfte der Pflanzen besonders stark. Beachtenswert ist auch, daß man nicht tagsüber zum Sammeln geht, sondern dies nachts tut, am besten vor Sonnenaufgang. Auch die Mondphasen sind ausschlaggebend, denn schon Hildegart von Bingen (1098–1178), Äbtissin, Ärztin und Botanikerin, empfahl, die Kräuter bei zunehmendem Mond zu pflücken. Zuweilen ist das Ausreißen mit der linken Hand vorgeschrieben; man darf dabei nicht sprechen und nicht gesehen werden. Manchmal spielt auch die Beachtung einer »heiligen« Zahl (z. B. 3, 7, 9, 72, 77, 99) eine entscheidende Rolle. Schließlich ist es wichtig, die Zauberpflanze »anzureden«, bevor man sie ausgräbt; ihr wird dabei gesagt, wem und gegen welches Leiden sie helfen soll. In christlicher Zeit wird sie daran »erinnert«, daß ihr von Christus, Maria oder dem Apostel Petrus die Macht zu heilen verliehen worden sei. Auch für das Eisenkraut ist ein Rezept in einer Handschrift des 15. Jahrhunderts überliefert, »wie man sy graben sol«: »... der dieselben wurtz graben wil, der sol an unser frowen aubent zu wurtzwichi (Würzweihetag 15. August) gaun, da die wurtz stat und umbrise (umfahre) sy mit Gold und Silber und sprich ain paternoster und ain credo in Deum und sprich: ›by der edlen frowen unseres Herrn Jhesu Christi und by den vier engeln Michahel, Gabriel, Raphael, Anassahel und by den vier evangelisten Lukas, Markus, Mathäus, Johannes und by allen himelschen here, daß du kain diner kraft und kain diner tugent in der erde nit laussest, du sigest umer von der tugent und mit der kraft als dich Got geschaffen haut‹; – und du solt das golt und das silber über nacht daby laussen ligen. Des morgens, ee die sun uffgang, so grabe sy und solst sy mit ysen nit rüren und wasche sy mit win oder mit ainem rainen Wasser, und wiche sy mit andern wurtzen, und behalt sy mit flys (Fleiß).«

FARNKRAUT.

Farnkraut Farne, Filices

Pflanzensteckbrief

Farne gehören zu den Sporenpflanzen, die sich – im Verlauf eines Generationswechsels – ungeschlechtlich vermehren. Der Wurmfarn (Dryopteris filix-mas) wird bis ein Meter hoch, hat doppelt gefiederte Wedel und trägt ab Juli an deren Unterseiten in zwei Reihen Sporenkapseln; die jungen Wedel sind zunächst spiralig eingerollt. Gesammelt wird – an Waldrändern, auf Lichtungen – die Wurzel im September und Oktober. Der Frauenfarn (Athyrium filix-femina), an gleichen Standorten, hat drei- bis vierfach gefiederte Wedel und längliche, haken- oder hufeisenförmige Sporangien. Der Adlerfarn (Pteridium aquilinum), ein verbreitetes Waldunkraut mit bis zu vier Meter langen Wedeln, zeigt im Schrägschnitt des unteren Stengels etwa die Form eines Doppeladlers.

Heilwirkung

Der Wurmfarn war schon im Altertum als wurmtreibendes Mittel in Gebrauch und wurde noch im 18. Jahrhundert als Bestandteil entsprechender Mittel sehr teuer gehandelt. Wegen ihrer Giftigkeit kann die aus der Wurzel bereitete Essenz nur mit ärztlicher Verordnung verwendet werden. Äußerliche Anwendung (Abkochung, Einreibung, Auflage frischer Blätter) bei eitrigen Wunden, entzündeten Krampfadern, Beingeschwüren und Hämorrhoiden.

Volksglauben

Als Sporenpflanzen fehlen den Farnen Blüten und die daraus hervorgehenden Früchte. Die somit »ohne Vorbereitung« an den Wedeln auftretenden Sporenkapselhäufchen haben als »Farnsamen« einer imaginären »Farnblüte« die Phantasie unserer Vorfahren mächtig beflügelt. So glaubte man, daß nur in der Johannisnacht oder allenfalls noch in der Christnacht in der Mitternachtsstunde der Farn blüht und sogleich Samen erzeugt, welche über besondere Zauberkräfte verfügen. Diese kann man wie die Farnblüte selbst nur bekommen, wenn man besondere Beschwörungspraktiken befolgt. Dies muß alles schnell geschehen, denn Blüte und Samen verschwinden noch in derselben Nacht. Die Farne – vorwiegend die drei oben genannten –

33

gehören damit zu den sogenannten Johanniskräutern. Wer den Farnsamen besitzt, kann sich damit unsichtbar machen. In manchen Gegenden Deutschlands (z. B. Westfalen), aber auch in Niederösterreich erzählt man sich die Geschichte der beiden Wanderer im Walde, von denen der eine seinen Begleiter plötzlich nicht mehr sah, obwohl er ihn noch sprechen hörte. Erst als der Unsichtbare seine Schuhe ausgezogen hatte, in welche Farnsamen gekommen war, wurde er wieder sichtbar; so hatte man die Wunderwirkung des Farnsamens erkannt. Diese Eigenschaft – wie eine Art Tarnkappe zu wirken – ist ein Beispiel für sogenannten Analogiezauber: Wie der Samen selbst »unsichtbar« ist, d. h. schwer gefunden werden kann, wird auch der Träger des Farnsamens unsichtbar. So heißt es etwa in Robert Hamerlings Epos »Der König von Sion« (1869) über die Wiedertäufer in Münster: »Auch Theriakhändler gab es und andre dazu, die Farnkrautsamen verkauften, welcher, um unsichtbar sich zu machen, als Mittel geschätzt ist ... Steckst vor die Brust nur ein Päckchen mit Farnkrautsamen, so bist du unsichtbar für den Feind ...« Farnsamen hilft auch, Schätze zu entdecken. Er schafft eine glückliche Hand bei allem, was man anpackt, auch im Spiel, und hilft zudem, die Gunst der Frauen zu erlangen. Die »Farnblüte« (Johannisblüte) sprengt Schlösser (wie die Springwurz) und macht »fest«, d. h. unverwundbar; man wird hieb- und kugelfest, wenn man blühendes Farnkraut in Rock und Weste einnäht. Als im Jahre 1601 in Erfurt ein Bürger mit dem Schwert hingerichtet werden sollte, sprach der Scharfrichter: »Ich höre, du seies fest; darum rat ich dir, mach dir und mir keine weitere Mühe und Ungelegenheit.« Der arme Sünder antwortete: »Ja, es ist wahr, allhier steckt's unter meinem rechten Arm, nimm es hin!« Da nahm er es und sagte nachher, es wäre gedorrt St. Johannisblüte.

Farnsamen hilft seinem Besitzer auch, Kristalle und sogenannte Erdspiegel zu finden, in welchen man alles sieht, was in und auf der Erde vorgeht. Auch die Irrwurz soll mit dem Farnkraut identisch sein, jene Wurzel, vor der man sich nicht hüten kann, da man sie nicht kennt. Tritt man versehentlich im Walde auf sie, dann kommt man vom Wege ab, verirrt sich oder läuft stundenlang im Kreise, auch wenn einem das Gelände ganz vertraut ist. Und auch das »Johannishändchen« (Glückshändchen) soll aus dem Farn geschnitzt werden können, indem man aus dem Strunk im Frühjahr, wenn sich die Wedel noch nicht entrollt haben, eine Art Menschenhand schneidet. Ein solches Johannishändchen schützt den Besitzer vor Unglück, bringt allen seinen Unternehmungen Segen und hilft ihm bei der Herstellung von Freikugeln. (*Anmerkung:* Freikugeln sind unfehlbar treffende Kugeln, die man der Sage nach mit Hilfe des Teufels bekommen kann. Von 7 Kugeln treffen 6 ins Ziel; die 7. lenkt der Teufel.) Farnsamen bewirkt außerdem, daß man die Sprache der Tiere verstehen kann. Legt man Farnsamen zum Geld, so nimmt es nie ab. Wer Farnsamen besitzt, kann in seinem Gewerbe soviel arbeiten, wie sonst 20 Leute zusammen. Von einem Burschen aus Eschelbach im Badischen erzählt man sich, daß er vom Teufel Farnsamen erhalten hatte und nun mit seinem Pferdegespann fahren konnte, wie er wollte, selbst die steilsten Abhänge hinab. Als er eines Tages mit dem Erntewagen in die Scheune kam und sich niemand zum Abladen fand, fuhr er über die Leiter auf den Dachboden und warf dort die Fracht ab. Der Bauer, der die gefährliche Geschichte beobachtet hatte, schwieg, denn hätte er nur ein einziges Wort gesprochen, wären Pferde, Wagen und Kutscher herabgestürzt.

Wie gelangte man nun in den Besitz des wertvollen Farnsamens? Schon Hildegart von Bingen hatte berichtet, daß der Farn stark gegen den Teufel wirkt, von dem man ihn aber auch erhalten kann. Dazu darf man während der Adventszeit nicht beten, keine Kirche besuchen, kein Weihwasser berühren und muß sich immer wünschen, daß einem der Böse zu Geld verhilft. In der Johannisnacht muß man dann zwischen elf und zwölf Uhr nachts auf einen Kreuzweg gehen, über den schon Leichen zum Friedhof getragen wurden. Dabei erscheinen plötzlich viele bekannte und unbekannte Verstorbene, die einen bewegen wollen, von dem Vorhaben abzulassen. Nun darf man sich nicht rühren, nicht einmal die Miene verziehen, sonst wird man sogleich vom Teufel zerrissen. Ist Schlag zwölf Uhr die Probe bestanden, so kommt der finstere Jäger und gibt einem eine Tüte mit Farnsamen. Nach anderer Überlieferung heißt es, man müsse unter den Farn ein Tuch, ein Blatt der Königskerze (Paracelsus soll so an Farnsamen gekommen sein!), ein Hemd oder, in Tirol, ein Tüchlein vom Kelch des heiligen Meßopfers ausbreiten, um den Samen damit aufzufangen, sonst versinke er klaftertief in der Erde.

GUNDERMANN.

Gundermann Glechoma hederacea

Andere Namen
Gundelrebe, Gundram, Erdefeu, Donnerrebe, Guck-durch-den-Zaun

Pflanzensteckbrief
Das bis 60 Zentimeter hohe ausdauernde Kraut trägt wenige, lila-
blaue Lippenblüten, die am Ansatz der Blätter entspringen. Die Blätter sind rundlich, gestielt, am Rande eingeschnitten; der Stengel ist
vierkantig und behaart. Die Pflanze blüht von März bis Juli auf Wiesen, unter Gebüschen, an Mauern und Zäunen, am Waldrand; gesammelt wird das blühende Kraut.

Heilwirkung
Wegen seiner entzündungshemmenden, stoffwechselregulierenden
und schmerzstillenden Wirkung wird Gundermann im Aufguß gegeben bei Magen-, Darm- und Blasenkatarrh, bei Bronchitis, Nasen- und
Rachenentzündungen; hierbei sowie bei Geschwüren und Wunden
auch äußerlich; ebenso als Gewürzkraut zu Suppen.

Volksglauben
Gundermann war wegen seiner blauen Blüten, in denen man die
Farbe des Blitzes zu erkennen glaubte, dem Gott Donar geheiligt. Als
Zauberkraut ist er nachweislich schon seit dem 12. Jahrhundert in
Gebrauch, und zwar besonders als Schutz- und Erkennungskraut gegenüber den Hexen. Die »Chemnitzer Rockenphilosophie«, eine
Aberglaubensammlung aus dem 18. Jahrhundert, berichtet, daß der-
jenige, der an Walpurgis (30. April) einen Kranz aus Gundermann-
kraut aufsetzt und damit in die Kirche geht, alle Hexen erkennen
kann. Und der Hexenkenner Johannes Prätorius (1630–1680), als
Schriftsteller und Gelehrter mit vielen Werken hervorgetreten und
mit seiner Blocksbergbeschreibung das Vorbild für Goethes Walpurgisnacht in Faust I, teilt uns folgendes mit: »Wenn man Gundermann
auf Walpurigs Abend sammelt und hernach mitten in der Nacht einen Kranz daraus macht und solchen am folgenden Tag auf den
Kopf setzt, so kann man alsdann die Hexen erkennen, da eine auf
ihrem Kopf wird haben einen Schemel oder Kutschebank, die ande-

re eine Malte (Malte in der Bedeutung von Getreidescheffel, ein Hohlmaß) oder Kelte (Kelte entspricht einem Kübel)...« Die Neugier, die jemanden dazu trieb, Hexen zu entlarven, konnte ihn aber auch teuer zu stehen kommen. Wie eine Sage aus Wettin (Sachsen) berichtet, die Mitte des vorigen Jahrhunderts aufgezeichnet wurde: »Ein Dienstmädchen hörte, daß seine Frau eine Hexe sei, und um die Wahrheit zu erfahren, wand sie am Sonntag nach Walpurgis einen Gundermannkranz, setzte ihn auf und ging in die Kirche. Sie war die erste darin und die erste wieder draußen und sah nun, wie ihre Frau und viele andre Frauen aus dem Dorfe auf Besen und Ofengabeln aus der Kirche geritten kamen. Doch sobald die Hexen den Gundermannkranz auf dem Kopf des Mädchens bemerkten, fielen sie darüber her und zerschlugen es so jämmerlich, daß es am nächsten Tag starb.«

In der Gegend um Gotha hängt man den am Vorabend von Walpurgis gepflückten Gundermann über Haustür und Stalltor auf; zugleich macht man drei Kreuze mit Kreide über dem Eingang und spricht dabei: »Das Blut Jesu Christi mache uns rein von allen Sünden. Amen!« So ist das Anwesen geschützt vor allen Unholden, die an Walpurgis ihr Unwesen treiben. Gerade das Vieh hatte unter den Hexen häufig zu leiden, weshalb hier der Gundermann besonders wichtig war. Mit einem Absud davon mußte man das Milchgeschirr auswaschen, wenn etwas mit der Milch »nicht richtig« war. Wenn das Euter einer Kuh behext ist, verhält man sich – wie der Aberglaubensammlung »Ägyptische Geheimnisse des Albertus Magus« zu entnehmen ist – am besten wie folgt: Nimm Gundelreben, flechte Kränzlein, melke jeden Strich hinten durch den Fuß dreimal auf die Gundelrebenkränzlein, hernach gib sie der Kuh zum Fressen und sprich folgende Worte: »Kuh, hier geb ich dir Gundelreben, daß du mir die Milch wolltest geben...« Wenn die Kühe im Frühjahr zum erstenmal ausgetrieben werden, soll man sie sicherheitshalber vorher durch einen Kranz von Gundelreben melken. Wenn das Vieh viel Milch geben soll, ist es günstig, Gundermann mit Wasserlinsen und Salz in den Kuhstall zu bringen, wie es schon in einer Reichenauer Handschrift aus dem 12. Jahrhundert heißt: »Wo man die milich stelt (wenn man... stiehlt) – nimb weichwasser (Weihwasser) und sprengs in den stall, nimb gunreben (Gundermann), geweicht salz und merlinsen (Wasserlinsen) und sprich:

Ich gib dir heut gunreben, merlinsen und salz
und gang uf durch die wolken
und bring mir schmalz
und milich und molken.«

Noch vor 100 Jahren sprach man im oberen Erzgebirge beim Sammeln von Gundermann, den man dort Gutheinrichswurzel nennt, folgenden Reim:

»Guter Heinrich, du bist mein Knecht;
Mit meiner Kuh ists nicht recht;
Geh das Dorf auf und nieder,
Bring mir meinen Nutzen wieder!«

Es gibt neben dem Gundermann noch andere Zauberkräuter, die es möglich machen, Hexen zu erkennen. So hilft die Wurzel des Liebstöckels aus den alten Haus- und Bauerngärten, in der Karfreitagsnacht im Namen der Dreieinigkeit gegraben, die Hexen zu erblicken, wie sie mit Milchgelten (Milcheimern) auf dem Kopf herumlaufen. Schließlich muß hier noch der vierblättrige Klee erwähnt werden, der nicht nur »sein Lebenlang glückselig sein« läßt (wie es in »Der alten Weiber Philosophy« von 1571 heißt), sondern auch die Augen öffnet für Hexerei, Lug und Trug aller Art. Der Südtiroler Dichter Hans Vintler reimt in seinen »Pluemen der tugent« (1410, erstmals gedruckt 1486):

»Vil glauben, der vier plettert kle
Mach, das man kön gaucklen sehn.«

So wird in vielen Gegenden Deutschlands die Sage erzählt, wie ein Mädchen mit einem vierblättrigen Kleeblatt einen Zauberer aus der Fassung bringt. In Rottweil (Schwaben) lautet sie so: Ein Seiltänzer balanciert einen großen Stamm auf der Nase, da kommt ein Mädchen mit einem Kleekorb vorbei, in dem sich auch ein vierblättriges Exemplar befindet. Sie sieht daher, daß der Balken nur ein Strohhalm ist und klärt die Zuschauer auf. Der Gaukler wird deswegen böse. Er redet der Maid ein, daß sie durch immer höher werdende Fluten gehe. Daher schürzt diese nun ihren Rock mehr und mehr, zum Gaudi der Zuschauer. Glaubt man den Siebenbürger Sachsen, dann kann man, wenn man den Klee bei sich hat, abends die Druden sehen, wie sie auf den Kühen heimreiten.

·HAUSWURZ·

Hauswurz *Sempervivum tectorum*

Andere Namen
Dachwurz, Donnerbart, Wetterwurz, Hauslauch, Ohrenkraut

Pflanzensteckbrief
Aus einer dichten Rosette fleischiger Grundblätter erhebt sich nach
vier bis fünf Jahren ein unverzweigter, bis 40 Zentimeter hoher beblät-
terter Stengel mit Blütenköpfen aus zwölf sternförmig angeordneten
rosaroten Kronblättern. Die Hauswurz blüht von Juli bis August auf
Mauern, Kaminen, Felsvorsprüngen und in Bauerngärten; gesammelt werden die frischen Blätter während des ganzen Jahres.

Heilwirkung
Blätter und frisch gepreßter Saft gelten als harntreibend, krampf-
stillend, fiebersenkend und entzündungshemmend; äußerliche An-
wendung bei Quetschungen und Verbrennungen, zur Hautpflege
(Sommersprossen!) und Aufweichung von Hornhautverdickungen
(Auflage der Blätter).

Volksglauben
Die Hauswurz war dem Gott Donar (Donnerbart) heilig und wurde
zum Schutz gegen Blitz und Donner auf die Hausdächer gepflanzt;
das getrocknete Kraut verbrannte man bei Gewitter im Herdfeuer.
Der Volksmund sagt dazu:
»Wer edlen Hauswurz hält in Ehren,
Der kann wohl manchem Übel wehren!«
Schon in der Landgüterordnung (Capitulare de villis) von 794, einer
Vorschriftensammlung Karls des Großen für seine Krongüter, die
auch eine Heil- und Nutzkräuterliste enthält, heißt es im 70. Kapitel:
»Et ille hortulanus habeat super domum suam Jovis barbam« (Und
der Gärtner soll über seinem Haus Jupiterbart (=Hauswurz) haben).
Ein Hinweis auf die Bedeutung als Blitzschutzkraut fehlt hier aller-
dings. Anders jedoch bei Konrad von Megenberg (1309–1374) in
seinem »Buch der Natur«: »die maister, die sich fleizend (befleißigen)
zauberey, die sprechent daz es (das Kraut) den donr und daz himel-
platzen verjag und dar umb pflanzet man ez auf den häusern.« Auch

41

die schon erwähnte Chemnitzer Rockenphilosophie (1707) teilt mit, daß die »Hauswurtzel vor Einschlagung des Wetters« Sicherheit gibt. In Aussig (Böhmen) sprach man, wenn die Hauswurz aufs Dach gesetzt wurde, den Spruch:

>»Du Hauswurz bist als Deck,
>Halt Feuer und Flammen weg!«

Hauswurz legte man auch mit Palmkätzchen zusammen auf die Kohlen des Herdfeuers, wenn ein Gewitter nahte; sie mußte aber am Johannistag vom Dach herabgeholt worden sein. Die Hauswurz bringt dem Hause Glück, doch wenn man sie zur Blüte kommen läßt, wird jemand darin sterben. Hexen sammeln die Hauswurz für ihr Gebräu nur donnerstags (dem Tage Donars), denn sonst besitzt sie nicht die rechten Kräfte.

Den berühmten Kräuterkennern des Altertums und Mittelalters ist die Hauswurz nicht unbekannt. Dioscorides (1. Jahrhundert n. Chr.), der griechische Arzt aus Anazarbos, mit seiner Arzneimittellehre bahnbrechend und beachtet über eineinhalb Jahrtausende, erwähnt bereits: »etliche pflantzen sie auch auff den Tächern« (dt. Fassung von 1610). Leonhard Fuchs, einer der Väter der Botanik (1501–1566), erklärt den Namen Donnerbart so, daß dem Hause, auf welchem Hauswurz wächst, weder Donner noch Blitz schaden können. Otto Brunfels, wie immer kritisch, mokiert sich in seinem Kräuterbuch von 1532 nachhaltig über den Aberglauben seiner Zeit: »Ein sonderlich mirackel der natur / das es vff den dächeren / vnd aller trücknesten ortten wechßt / vnnd doch so feucht ist. Desgleichen / das es dem sonnenglantz vnd lufft meer weder andere kreüter eröffnet / vnd dannocht so kalt ist. Dannenhär der aberglaub kommen / welcher vff den heüttigen tag noch bey vilen ist / das / wo soliche vff einem hauß wechßt / da schlag der blyx (Blitz) vnd donder nicht ein. Müst freylich ein stumpffer / vnnd ein doller blyx sein / den solichs klein kreütlin solt widerlegen. Es haben auch die Römischen Keyser sich vor zeiten mit dißem kraut gekrönet / auß keiner anderen vrsach / dann das sye vor solichem vngefell des gewitters sicher wären. Die Kryechischen (griechischen) Poeten fabulieren auch daruon / wie dz ein abgott des mörs genant Glaucus / dardurch erlangt hab vnsterblicheyt.«

Zu den Blitz- und Gewitterschutzkräutern gehören ferner Nessel, Wegwarte, Wasserdost, Kornblume, Weißdorn, Johanniskraut sowie der sogenannte Hexen- oder Donnerbesen, eine besenartige, durch parasitäre Pilze hervorgerufene Mißbildung (Wucherung) meist an Birken oder Kirschen. Auch Arnika soll, zu Sträußen gesammelt und unter das Dach gesteckt, das Haus vor Blitzschlag schützen und, am Vorabend des Johannistages an den Ecken der Felder aufgesteckt, Gewitterschlag, Hagel und den Bilwis (Bilmesschnitter, ein Korndämon, der an den Zehen kleine Sicheln trägt und damit in der Nacht im Kornfeld Gassen schneidet) abhalten. Desgleichen ist der Haselstrauch ein Wetterkraut. Beim Aufkommen eines Gewitters steckt man frische Haselruten an Türen oder Fensterläden oder wie in Oberfranken in die Schlüssellöcher der Haus- und Stubentüren. Schließlich sind der am Palmsonntag geweihte Palm und der zu Mariä Himmelfahrt geweihte Krautwisch (Würzbusch) zu nennen. Palmzweige oder Krautbundpflanzen werden beim Gewitter ins Herdfeuer gestreut, damit der Rauch den Blitz vertreibt. Man muß nur darauf achten, daß alle Kräuter mit den auflodernden Flammen – entgegen der Richtung des Blitzes! – verbrennen, damit nicht das Gegenteil eintritt und der Blitz angezogen wird. Daß Blitze von gewissen Pflanzen (Gewitterblümchen) auch angezogen werden können, entspricht einem weitverbreiteten alten Glauben. Und zwar sind dies im wesentlichen blaue oder rote (Farbe des Blitzes!) Sommerblüher (Zeit der Gewitter!), vor denen man sich in acht nehmen muß. An erster Stelle ist die Alpenrose zu nennen; wer sie bei sich trägt, wird leicht vom Blitz erschlagen, daher auch ihr Name: Donnerrose. Auf der Saubacheralpe (Tirol), so erzählt man sich bei Bozen, war die Sennerin wie gewöhnlich allein. Als in der Nacht ein starkes Gewitter kam, erwachte sie und hörte Hilferufe ihres Geliebten vor der Tür. Dreimal schaute sie nach, aber jedesmal vergebens, denn die Stimme war verstummt. Am Morgen fand sie den Unglücklichen vom Blitz erschlagen; er trug eine Donnerrose noch in der Hand. Ein anderes Mädchen war recht spröde und gab ihrem Verehrer zum Scherz eine Alpenrose. Es dauerte nicht lange, da wurde er vom Blitz erschlagen. Gewitteranziehend wegen ihrer roten Blüte sind das Tausengüldenkraut und die Kornrade, die man deshalb nicht in die »Johanniskränze« winden oder dem Vieh ins Futter geben darf (zumal letztere auch giftig ist!). Nach altem englischen Glauben hüten sich die Kinder, die Blüten vom Klatschmohn zu pflücken, denn wenn die Blütenblätter abfallen, gibt es Unwetter mit Donner und Blitz!

·IMMERGRÜN·

Immergrün *Vinca minor*

Andere Namen
Sinngrün, Ingrün, Wintergrün, Totengrünkraut

Pflanzensteckbrief
Der bis 6o Zentimeter lange, liegende Stengel trägt glänzende, ledri-
ge, kurzstielige, gegenständige wintergrüne Blätter und blaßblaue,
langstielige, blattachselständige Blüten. Die Pflanze bildet in lichten
Wäldern ausgedehnte dunkelgrüne Teppiche und blüht von März bis
Mai. Gesammelt werden die Blätter im März, zu Beginn der Blütezeit.

Heilwirkung
Als Tonikum gegen Blutarmut und Appetitlosigkeit, ferner bei chro-
nischen Katarrhen und bei Ekzemen. Das in der Pflanze enthaltene
Vincamin wirkt gefäßerweiternd und blutdrucksenkend.

Volksglauben
Schon in der Antike als Kranzblume verwendet, wurde die Pflanze im
Mittelalter zu Kränzen geflochten, die man Verurteilten bei ihrem
Gang zur Hinrichtung aufsetzte. Es diente als Mittel gegen allerlei
unheilvollen Zauber, mußte aber, um wirksam zu sein, vor Tagesan-
bruch gepflückt werden. Man glaubte, es gewähre Schutz gegen Hexen und Gewitter und nahm es auch zur Totenbeschwörung. Immergrün war Bestandteil vieler Liebesträke. Als Liebesorakel wird es im
Solling (Niedersachsen) gebraucht: In der Andreasnacht (30. November) füllen junge Mädchen eine Schüssel mit Wasser und legen
zwei Blätter Immergrün auf die Oberfläche. Sind am nächsten Morgen die beiden Blätter aufeinander zugeschwommen, dann kommt es
noch im gleichen Jahr zur Hochzeit. In der Gegend um Hildesheim
nehmen die Mädchen in der Matthiasnacht (24. Februar) einen
Kranz von Immergrün, einen Kranz von Stroh und eine Handvoll
Asche, gehen damit um Mitternacht an ein fließendes Gewässer und
lassen diese drei Dinge schwimmen. Dann tanzen sie, eines nach der
anderen, schweigend und mit verbundenen Augen um das Wasser
und greifen sich ihr Schicksal: entweder das Immergrün als Symbol
für den Brautkranz, oder das Stroh, das Unglück verheißt, oder die

Asche, die Tod bedeutet. Auch im Oberbergischen wurden Immergrünkränze als Liebesorakel verwendet; hier mußte dies aber am 23. Februar geschehen.

Durch seine Eigenschaft, auch im Winter grün zu bleiben, stand Immergrün im Rufe, ein Sinnbild der Treue und Beständigkeit zu sein; dazu trugen auch seine blauen Blüten bei, deren Farbe an die Ewigkeit erinnert. Mädchen schmückten sich damit, wenn sie zum Tanze gingen. In manchen Gegenden erhielten Jungverstorbene einen Immergrünkranz als Zeichen der Reinheit und der Unsterblichkeit der Seele mit ins Grab, aber auch, weil ein solcher Kranz das Antlitz des Toten vor Verwesung schützen und seine Gesichtszüge lange Zeit erhalten sollte. So berichtet Hieronymus Bock von einem im Jahre 1535 wiederausgegrabenen Leichnam, der mitsamt seinem Immergrünkranze gänzlich unversehrt war. Noch heute pflegt man der Jugend bei Fronleichnamsprozessionen in manchen Gegenden Immergrünkränze aufzusetzen. Überliefert ist auch eine lateinische und deutsche Segensformel (*Anmerkung:* Die lateinische und die deutsche Segensformel sind so lang, daß sie den Rahmen dieses Buches sprengen würden, und daher nicht zitiert werden), nach welcher das Immergrün beim Graben besprochen werden mußte. Schließlich kann man die Pflanze als Orakel verwenden, um festzustellen, wer einem etwas Böses will. Dazu pflückt man im Namen des Teufels einige Immergrünranken und erhitzt Öl in einer Pfanne. Nun nimmt man davon ein Blatt, nennt dazu den Namen des Verdächtigen und wirft es ins siedende Öl. Bleibt es in der Pfanne, so nimmt man ein zweites Blatt, nennt wieder einen Namen und verfährt genauso, bis ein Blatt aus der Pfanne springt; der hierbei genannte Name bezeichnet denjenigen, den man gesucht hat.

Pflanzenorakel sind seit alters her auch in anderem Zusammenhang überliefert. Wenn die Kinder auf der Wiese die weißen Randblüten der großen Wucherblume (Marguerite) rupfen: »Sie liebt mich – sie liebt mich nicht – sie liebt mich...« so haben sie in dem Minnedichter Walther von der Vogelweide ein berühmtes Vorbild. Dieser beschreibt in seinem Gedicht vom »Zwivellichen wan«, der zweifelnden Ungewißheit der Liebe, das Abzählen (wahrscheinlich am Grashalm einer Quecke):

»Mich hat ein halm gemachet fro!
Er giht (sagt) ich süll genade vinden.

Ich maz daz selbe kleine stro,
Als ich hie vor gesach (sah) von kinden:
Si tuot, sie entuot (tut nicht), si tuot,
Si entuot, si tuot…«

Übrigens läßt sich auch mit den kleinen Blüten im gelben Blütenkorb der inneren Marguerite ein Orakel durchführen: man wirft dieselben in die Luft, hält dann die Hand darunter und zählt nach: soviele kleine Blüten auf ihr liegen bleiben, soviel Jahre lebt man noch! Auch die der Marguerite im Äußeren ähnliche, aber kleine Gänseblume (Maasliebchen) gilt als Pflanze des Liebesorakels. In Grimms »Bedeutung der Blumen« heißt es dazu: »Wer Rupfblumen (Gänseblumen) trägt ungerupft, der weiß nichts besonderes an seiner Liebsten; wer sie gerupft trägt bis auf zwei Blätter, der versteht dabei Gerechtigkeit; wem aber ein Blättchen stehen bleibt, so bedeutet es, daß ihm Unglück geschehen sei.«

Auch der vierblättrige Klee ist eine Orakelpflanze; man braucht ihn nur unter das Kopfkissen zu legen, und sofort erscheint einem der zukünftige Partner im Traum. Sogar die Richtung, aus welcher der Liebste kommen muß, läßt sich deuten: Wenn ein Mädchen früher einen Weichselbaum (Kirsche) schüttelte und dazu sprach:

»Weichselbaum, ich schüttel' dich,
(Heiliger) Thomas, ich bitte dich,
Laß mir einen Hund nur bellen,
Wo sich mein Mann tut melden!«,

so war klar, daß er dorther kam, wo in der Nachbarschaft die Hunde bellten. Den Bräutigam verraten in Oberfranken auch neun Kräuter, die an neun Rainen gepflückt und zu einem Kranz geflochten wurden. Man muß den Kranz aber durch die Tür oder ein Fenster ins Haus werfen, trägt man ihn über die Türschwelle, so ist der Orakelzauber unwirksam. Schließlich gilt das bestimmte Flechten von Grashalmen als gutes Mittel, einen Blick in die Zukunft zu tun und die eigenen Liebeschancen auszuloten: Die Mädchen müssen am Sonnwendabend einen Kranz aus sechs Schmielen (Süßgras) in bestimmten Verschlingungen flechten und das Gebilde dann wie ein Fadenspiel auseinanderziehen. Dabei entsteht entweder ein einfacher Kreis (Korb) oder ein doppelt verschlungener. Sie sprechen dazu: »Ist die Liebe ganz, so gerät der Kranz; ist die Liebe entzwei, ist ein Korb dabei!«

·JOHANNISKRAUT·

Johanniskraut *Hypericum perforatum*

Andere Namen
Hartheu, Hartenau, Blutkraut, Jageteufel, Sonnwendkraut, Konrads-
kraut

Pflanzensteckbrief
Die bis 90 Zentimeter hohe ausdauernde Pflanze trägt an einem kah-
len, mit zwei Längsleisten versehenen Stengel länglich-eiförmige, gegenständige Blätter mit (im Gegenlicht) durchsichtigen Punkten (Öl-
drüsen!) und fünfzähligen goldgelben Blüten in Doldenrispen, welche beim Zerdrücken einen blutroten Farbstoff abgeben; sie blüht
von Juni bis Oktober an Weg- und Waldrändern, auf Trockenwiesen,
Lichtungen, Böschungen; gesammelt wird das blühende Kraut von
Juni bis August.

Heilwirkung
Öl, Tee, Tropfen und Tabletten werden angewendet gegen depressive
Verstimmungen (nervöse Erschöpfung, Klimakterium), als Mittel ge-
gen Durchfall und zur Entwässerung, bei Bettnässen, Rheuma und
Gicht. Äußerlich als Wundheilmittel, bei Verrenkungen und Hexen-
schuß. Wegen der fotosensibilisierenden Wirkung des Inhaltsstoffs
Hypericin Vorsicht bei ausgedehnter Sonnenbestrahlung (Höhen-
sonne, Solarium).

Volksglauben
Johanniskraut gehört in den Kreis der Johanniskräuter, die am Johannistag (24. Juni), dem vorchristlichen Sonnwendfest, in voller Blüte
stehen und über besondere Heil- und Abwehrkräfte verfügen. Voraus-
setzung ist, man sammelt sie, wenn der Morgentau noch auf den Blättern ruht, denn auch dieser »Johannistau« gilt schon als heilkräftig.
Die Germanen schmückten zum Fest der Sommersonnenwende Altäre, Gottesbilder und Opfertiere mit Johanniskraut. Den roten Saft der
Pflanze sahen sie als Alfblut (Elfenblut) an, mit dem man Wunder
vollbringen konnte. Schon im 14. Jahrhundert wird das »sant jo-
hannskrut« genannt, das seinen Namen nach Johannes dem Täufer
hat. Als dieser von Herodes enthauptet worden war, sproß der Legen-

de nach Johanniskraut aus dem blutgetränkten Boden. Der Teufel, der dies sah und die besondere Heilkraft des Krautes fürchtete, durchstach seine Blätter, konnte aber nicht verhindern, daß es – wie kaum ein anderes Kraut – Abwehrkräfte gegen den Teufel und andere böse Geister, Hexen und Dämonen entwickelte.

Der Arzt und Naturforscher Paracelsus (eigentlich Theophrast Bombast von Hohenheim, 1493–1541) ließ in seinem Buch »Von den natürlichen Dingen« (1525) den Teufel unerwähnt, empfahl jedoch seinen Zeitgenossen, das Johanniskraut sollte »für und für getragen werden«. Außerdem sollte nach seiner Ansicht jeder Arzt wissen, »das got ein groß arcanum (Geheimnis) in das kraut gelegt hat, alein von wegen der geisten und dollen fantaseien, die den menschen in verzweiflung bringen und nicht durch den teufel, sonder von natur.« Johanniskraut läßt Schätze finden, wenn man es als Amulett am Hals trägt, und Schatzgräber haben nur Erfolg, wenn sie es bei sich haben, weil dadurch die Dämonen, welche die Schätze bewachen, in die Flucht geschlagen werden. Es wirkt auch zauberlösend bei angezauberter Liebe, gegen die man sonst machtlos ist. Hierzu muß man ein Bad aus Johanniskraut, Löwenmaul (Dorant), Dost und goldnem Widerton nehmen. Den Hexen wurde Johanniskrautsaft eingeflößt, bevor sie auf die Folterbank gespannt wurden, weil sie so von ihrem Gelöbnis dem Teufel gegenüber befreit und zu einem Bekenntnis bereit gemacht wurden. Dieser Trank von Johanniskraut und Distelsamen sollte alle Gewalt des Teufels in den Gefolterten vernichten. Im Saarland erzählte man sich von einem Mädchen, das mit dem Teufel einen Pakt eingegangen war. Als dieser es holen wollte, bekam sie Angst und warf sich in ihrer Not auf ein am Wege stehendes Johanniskraut (dort: »hartna« genannt). Nun war der Teufel machtlos und schrie zornig:

»Hartna, du verfluchtes Kraut,
Hast mir entführt meine Braut!«
Und es heißt auch:
»Dosten, Hartheu, weiße Heid,
Tun dem Teufel alles Leid!«
Mit »weiße Heid« ist hier der giftige Sumpfporst gemeint. Bei Hieronymus Bock heißt es: »Dost, Harthaw und Wegscheydt (Wegwarte) thun tem teuffel vil leidt.«

Johanniskraut hat auch als Schutzkraut gegen Blitze große Bedeutung (der hl. Johannes ist bekanntlich der Blitz-Patron; er gilt als Schutzpatron bei aufkommendem Gewitter).

»Eisenhart und Hartenau,
Brennt an, daß sich das Wetter stau!«

sagt man in Sachsen-Anhalt und verbrennt dabei einige getrocknete Teile von Eisenkraut und Johanniskraut bei beginnendem Gewitter. Oder auch:

»Hartenau und Dill
Macht's Gewitter still!«

In Süddeutschland, im Salzburger Land und in Tirol steckte man das Kraut kreuzweise an die Fenster; anderenorts wird es zwischen die Gitterstäbe der Fenster und Tore geflochten. Johanniskronen sind Kränze, die in der Johannisnacht beim Tanz um das Johannisfeuer (dem heidnischen Sonnwendfeuer) getragen werden; man wirft sie hernach auf die Hausdächer, damit Haus und Hof bis zum nächsten Jahr und Fest vor Blitz, Feuer und Dämonen geschützt sind. In Köthen (Anhalt) wütete tagelang ein Gewitter. Da sprach aus den Wolken eine Stimme:

»Ist denn keine einzig Frau,
Die da weiß von Hartenau?«

Man holte nun das Kraut herbei, und sofort verschwand das Gewitter. Im Havelland wird die Geschichte ebenfalls berichtet; hier heißt es entsprechend:

»Ist keine alte Fraue,
Die kann pflücken Hartenaue,
Daß sich das Gewitter staue?«

Johanniskraut hilft auch dem Vieh bei allerlei Gefahren und Beschwerden. In Österreich gibt man es, zwischen zwei Brotschnitten, dem Vieh zu fressen oder man gräbt es unter der Stalltür ein, um sein Behextwerden zu verhindern. Dort wird außerdem folgende Legende über den heiligen Johannes berichtet: Als ihn die Schergen holen wollten, schickten sie zunächst Kundschafter aus, die das Fenster des Hauses, wo er wohnte, mit einem Strauß Johanniskraut kennzeichnen sollten. Doch es geschah ein Wunder: Um ihn zu retten und die Verfolger irrezuführen, waren plötzlich an allen Häusern die Fenster mit Johanniskraut besteckt und so das Haus des heiligen Mannes nicht mehr zu erkennen.

·KÖNIGSKERZE.·

Königskerze *Verbascum densiflorum*

Andere Namen
Wollkraut, Himmelbrand, Marienkerze, Johannislicht, Fackelkraut

Pflanzensteckbrief
Die bis zwei Meter hohe, zweijährige Pflanze besitzt wechselständige, filzige, stengelherablaufende Blätter, die unten eine Rosette bilden und zahlreiche, bis vier Zentimeter im Durchmesser messende, fünfzählige, gelbe Blüten in endständiger Traube. Sie blüht von Juli bis September auf trockenen steinigen Hängen, auf Brachen und Bahndämmen; gesammelt werden die Blüten.

Heilwirkung
Wegen ihrer reizmildernden und schleimlösenden Wirkung Anwendung bei Husten und Erkältungskrankheiten, Hals- und Brustkatarrh und Grippe; äußerlich nur Wundbehandlung.

Volksglauben
Die Königskerze ist eine alte Heilpflanze der Volksmedizin. Schon Dioscurides wendet sie bei »alten langwehrenden Husten«, bei Zahnschmerzen und gegen Brüche an (deutsche Ausgabe 1610) und meint außerdem: »Das Wullkraut mit den goldtgelben Blumen färbet das Haar / vnnd wohin man es wirfft / so zeucht es die Kleyderschaben oder Motten an sich.« Otto Brunfels (Contrafayt Kreüterbuch 1532), der das Kraut in seinem Buch an letzter Stelle erwähnt, folgt im wesentlichen dem griechischen Lehrmeister, teilt aber eine weitere kosmetische Eigenschaft mit: »Leüteret das vnsauber / vnd maltzig antlit.« Die verschiedenen Namen der Pflanze erklärt er wie folgt: »Wulkraut darumb / das es lynde vnd weych ist / vnd so mans mit hartz / oder bech überstreycht / brennet es wie ein kertz.« Adam Lonitzer, Doktor der Medizin und Stadtphysikus in Frankfurt, berichtet in seinem »Kreuterbuch« (spätere Auflage von 1679) auch über eine Wirkung auf das Herz: »Das gemeine Wullkraut mit andern Kräutern bey Fleisch oder besonder in Gemüß / gekocht / und gessen / benimbt alle Kranckheiten deß Hertzens…«
Der Name »Himmelbrand« (althochdeutsch himilbrando) soll sich

von der aufgereckten, majestätischen Gestalt der Pflanze ableiten. Die Königskerze war besonders wirksam, wenn man sie am Tage vor Mariä Heimsuchung (2. Juli) suchte und mit einem Werkzeug aus edlem Metall ausgrub; man trug sie dann, in roten Stoff gewickelt, zum Schutz vor Schlaganfall auf dem Herzen. Hatte jemand eine schlimme Wunde, dann mußte sie mit einer Königskerze berührt werden, wobei man das Zeichen des Kreuzes über dem leidenden Teil machen und sprechen mußte:

»Unsere liebe Frau geht dreimal über das Land,
Sie trägt den Himmelbrand in der Hand.«

Oder auch schlichter, dreimal wiederholt:

»Unsere liebe Frau geht über Land,
Hat den Himmelbrand in der Hand.«

War jemand erkrankt, so knickte man nach Sonnenuntergang den Stengel einer Königskerze nach Osten und betete um Genesung. Unholden stand die Pflanze im Wege, sie flohen vor ihr; daher auch der weitere Name: Unholdskerze. Die Elfen, welche den Blumenkelchen der Königskerze entsprossen sind, vollführen im nächtlichen Mondenschein einen Ringeltanz um die Kerzen. Sie stoßen dabei, absichtlich oder unabsichtlich, an die Blüten, so daß sie herabfallen und, schnell verwelkt und braun geworden, Zeugnis des nächtlichen Reigens geben. (Feucht gewordene Blüten werden wegen ihres Iridoid-Gehalts schnell braun!) Die Königskerze ist auch eine Orakelpflanze, zum einen für die Deutung des Wetters: So glaubt man in Tirol, daß je nach Stand der Blüten am Stengel (unten oder oben) der Wintereinbruch früh oder spät erfolgen wird. Zum anderen auch als Todesorakel: In Ostpreußen zogen die Mägde früher eine Königskerze aus dem Boden und hingen sie übers Bett. Die Magd, deren Pflanze zuerst verwelkte, mußte als erste sterben. Wächst eine Königskerze auf dem Grab empor, so bedeutet dies – glaubt man in Kärnten –, daß die Seele des Verstorbenen noch im Fegefeuer ist und um eine Wallfahrt bittet. Auch um andere Friedhofs- und Totenpflanzen ranken sich düstere Legenden. So warnte man früher in Bayern die Kinder, Grabesblumen abzureißen, »weil sonst der Tote die Hand aus dem Grabe streckt«. Reißt man Friedhofsblumen ab, so stört man die Totenruhe. Der Tote kommt nachts aus dem Grabe, um sich die Blumen wiederzuholen; dort, wo man sie verstreut, »geht es um«, sagt der Oldenburger. Man darf an ihnen auch nicht riechen, sonst verliert man den

Geruch. In Köln streute man früher Buchsbaumzweige vor dem Sterbehaus auf die Straße; man durfte aber keinen davon zurückbehalten, sonst würde bald wieder eine Leiche aus dem Hause folgen.

Wenn die Muttergottes die Königskerze wie ein Zepter in der Hand hält, dann weist sie indirekt auf die besondere Rolle hin, welche die Königskerze im Krautbund einnimmt, der zu Mariä Himmelfahrt (Büschelfrauentag, Mariä Würzweih oder auch großer Frauentag genannt) in der katholischen Kirche geweiht wird: Sie gehört dort zum festen Bestand und nimmt zudem – wo nicht vom Alant verdrängt – die Mitte dieses Bundes ein. Bekanntlich werden zu Mariä Himmelfahrt (15. August oder der Sonntag danach) entsprechend einer über tausendjährigen deutschen Tradition bestimmte – von Ort zu Ort unterschiedliche – Kräuter zum Strauß gesammelt und in der Kirche unter bestimmten Segensformeln geweiht. Eine Hochburg der Kräutersegnungen (die wohl an die Stelle eines altgermanischen Erntefestes traten, denn immer wurden auch Getreideähren in den Strauß gebunden!) war schon im Mittelalter die Stadt Würzburg. Sie trug im 12. Jahrhundert den Namen »herbipolis« (= Kräuterstadt), und auch ihr heutiger Name wird vom Brauch der Würzweihe abgeleitet. Das Krautbund (Würzwisch, Sange, Werzbede oder westf. Wiärtestruck) wird nach der Weihe zu Hause aufbewahrt. Bei Gewitter werden einzelne Kräuter daraus im Herdfeuer verbrannt; andere legt man, um Feuer abzuhalten, auf den Getreidespeicher oder hängt sie über die Krippen des Viehs. Krankes Vieh oder eine Kuh, die gekalbt hat, erhält aus Krautbundpflanzen einen Trank. Man räuchert Krankenzimmer oder auch die Särge damit aus. In den vier »Rauchnächten« (die Nächte zum Jahreswechsel: vor Thomas am 21. 12., vor Weihnachten, Neujahr und Dreikönige), in denen die Häuser zum Schutz gegen Dämonen und Geister ausgeräuchert werden, mischte man in Westfalen die neun Grundkräuter des Weihbusches mit Wacholderbeeren und Weihrauch, warf alles auf die Glutpflanze und räucherte damit das ganze Haus aus, nachdem die Kühe gemolken und die Pferde gefüttert waren, denn hernach durfte niemand den Stall betreten. In Menden (Sauerland) brachte der Imker den geweihten Busch zuerst den Bienen, damit sie aus Blüten saugen, auf denen der Segen Gottes ruht. Bei Krankheit macht man aus den geweihten Kräutern Tee und etwas vom Krautbund wird auch den Eheleuten ins Bett gelegt, »damit sie Glück in ihrer Ehe haben«.

·LABKRAUT·

Labkraut *Galium verum*

Andere Namen
Liebfrauenstroh, Marienbettstroh, Magerkraut, Bitterstilkraut, Stern-
kraut

Pflanzensteckbrief
Der bis 80 Zentimeter hohe, verästelte Stengel trägt Quirle mit je acht
bis zwölf schmalen, spitz zulaufenden Blättern und goldgelben, ho-
nigähnlich duftenden Blüten in länglichen Rispen; das Kraut blüht
von Juni bis Oktober auf Trockenrasen, am Wegrand, auf Dünen;
gesammelt wird das blühende Kraut.

Heilwirkung:
Der Tee wird mit Erfolg bei Nierenleiden verwendet sowie bei Magen-
Darm-Katarrhen, heute nur noch in der Volksmedizin. Früher auch
gegen das Fraisen (schreckhaftes Krampfen) der Kinder. Äußerlich
gegen Hautausschläge. Wegen eines Labenzyms (Name!) wurde es
ehemals in der Käsebereitung genutzt.

Volksglauben
Die Germanen nahmen Labkräuter – es gibt mehrere, auch weißblühende Arten! – zur Herstellung von Süßquark und zum Gelbfärben
(gelb-rote Tönung). Dioscurides beschreibt das Labkraut unter dem
Namen Wallstro (Galion) als Mittel gegen Brand, Blutungen und
Müdigkeit, letztere besonders in Liebesdingen: »Seine Wurtzeln machen eine Begierd zur Vnkeuschheit.« Hieronymus Bock nennt es
Megerkraut und will es den Kindern ins Badewasser geben. Näheres,
auch zur Herkunft dieses Namens, erfahren wir bei Tabernaemontanus in seinem Kräuterbuch (wiederaufgelegt 1687): »Megerkraut
in fließendem Wasser gesotten / und die jungen Kinder die mit dem
dürren rüssechtigen Grind geplaget werden / welchen man die
Megerey nennet / gebadet / heilet denselbigen / und ist ein besonderes Experiment / derhalben auch dieses Kraut den Namen Megerkraut empfangen hat.« Leonhard Fuchs (1543) nennt es »Unser
Frawn wegstro«, was darauf hindeutet, daß es sich beim Labkraut
um eine altgermanische Frauenpflanze handelt. Man legte sie den

Gebärenden ins Lagerstroh, denn Wöchnerinnen galten als besonders anfällig gegen Zauber aller Art, und so bürgte das Labkraut als »Beschreikraut« für die Sicherheit von Mutter und Kind. Die christliche Legende übernahm das Labkraut als Bettstroh für die heilige Maria: Tauben brachten es ihr im Schnabel für das nächtliche Lager und Maria bettete ihr Kind in der Krippe darauf, denn nur das gelbe Labkraut ließ der Esel, wie man in Schlesien glaubte, unberührt. Der Name »Liebfrauenbettstroh« oder »Unserer Frauen Bettstroh« wird, regional unterschiedlich, auch für andere Kräuter wie etwa Quendel, Dost, Leinkraut, Johanniskraut, Weidenröschen oder Sumpfgarbe verwendet. Nach englischer Sage war der Stall von Bethlehem mit gelbem Labkraut (Lady's bedstraw) und Farnkraut bestreut. Beide Pflanzen blühten normalerweise im Sommer mit unscheinbaren weißen Blüten; damals war aber Winterzeit. Doch als der erste Schrei des Christkindes zu hören war, trieb das Labkraut zu Ehren der Geburt des Herrn Blüten, das Farnkraut aber zeigte keine Regung. So wurde es verdammt, nie wieder Blüten zu tragen, während das Labkraut mit langen Zweigen voll goldener Blüten geschmückt ward.

Auf einem Konzil des Jahres 743 werden Strohbündel erwähnt, die das Volk »Marienbündel« nannte und sich ans Bett hing oder in Leinensäckchen am Körper trug, um Gifte und Dämonen abzuwehren.

Labkraut kündigt herannahende Gewitter durch ein besonders angenehmes Duften an. Es macht auch feuriger in der Liebe. Wenn man es in einer Stube, in welcher gezecht wird, auf den Ofen legt, so geraten die Zecher in Streit, sobald das Kraut warm geworden ist. Schließlich sagt man dem Labkraut auch eine lebensverlängernde Wirkung nach. Darüber berichtet das folgende Märchen:

»Es war einmal ein König am Rhein,
Der mochte ans Sterben nicht erinnert sein.
Er versprach den Ärzten großen Lohn,
Wenn sie seinem Tode sprächen Hohn.
Die gaben ihm, still und vertraut,
Den Saft vom Labekraut,
Und es trank davon der König
Alle Tage stets ein wenig.
Er hatte aber einen Knecht,
Dem war langes Leben auch so recht;

Der hatte auch vom Tranke genascht,
Ward aber vom König dabei erhascht.
Er wollte ihn köpfen lassen,
Doch der Knecht wußte sich zu fassen:
Er sprach: Hältst du mich des Todes wert,
So hat dein Trank sich nicht bewährt,
Denn er soll langes Leben
Dem, der ihn trinket, geben.
Das sah der König ein
Und ließ das Köpfen sein.

So lebten beide noch einträglich miteinander und starben erst in hohem Alter. Zu jener Zeit soll aber der Spruch entstanden sein, daß gegen den Tod – letztendlich – kein Kraut gewachsen ist.

Da mit der Bezeichnung »Marienbettstroh« wohl auch Aberglauben getrieben wurde, warnte die Kirche – wie es in einem Kodex der Vatikanischen Bibliothek heißt – davor, daß »die Einfältigen Bettstroh der heiligen Maria« in bestimmten Pflanzen sähen. Ungeachtet dessen nahm aber die Marienverehrung mit Hilfe der Kräuter nach wie vor breiten Raum beim Volke ein. Marienverehrer verglichen die Tugenden Maries mit der Schönheit und Reinheit der Blumen; so wurde sie etwas als »Blume des Feldes«, »Lilie des Tales« oder »Rose von Jericho« gepriesen. Man glaubte auch, daß alle Heilkräuter sich auf den Tag Mariä Himmelfahrt besonders freuen, daher blühen sie dann schöner und haben größere Heilkraft als an anderen Tagen. Die Zeit zwischen dem 15. August (großer Frauentag) und dem 8. September (Mariä Geburt oder: kleiner Frauentag) wird – weil (samt alter Oktav*) 30 Tage umfassend – »Frauendreißiger« genannt und gilt als heilige Zeit der Marienverehrung. Wo Maria erschien, zu schützen und zu helfen, da sprossen der Sage nach Blumen aus der Erde und die Kronen der Bäume neigten sich zu ihr nieder. Viele Blumen werden noch heute nach ihr benannt: Mariendistel (deren helle Flecken von der Milch stammen, die beim Säugen des Christuskindes herabträufelte), Marienkerze, Marienschlüssel, Frauenmantel, Frauenschuh, Muttergottesgläschen, Frauenhaar u. a.

*Anmerkung: »Oktav« ist liturgischer Ausdruck für die früher übliche Nachfeier der Heiligenfeste um 1 Woche oder 8 Tage (oder am 8. Tag danach). Nur so kommt man für die Zeit vom 15. August bis 8. September – also incl. 1 Woche Nachfeier – auf den Zeitraum von 30 Tagen (»Dreißiger!«).

MISTEL.

Mistel *Viscum album*

Andere Namen
Donnerbesen, Drudenfuß, Heilkreuzholz

Pflanzensteckbrief
Ein auf Bäumen schmarotzender, immergrüner, kugeliger Busch mit
bis 1,20 Meter Durchmesser; Äste gabelig verzweigt; Blätter zu zweit
gegenständig, propellerförmig, am Ende der Sprossen stehend; Blüten unscheinbar, grün-gelb, von Februar bis Mai; Früchte einsamige
Scheinbeeren, weiß, bis erbsengroß, klebrig, im Dezember. Die Mistel
wächst häufig auf Laubbäumen (Pappel, Apfel, Ahorn; seltener Hain-
buche, Erle, Kirsche, Birne; ganz selten auf Eiche, Esche, Edelkasta-
nie, Hasel; nie auf Rotbuche, Ulme), aber ebensogut auf Weißtannen
oder Kiefern (selten: Fichten).

Heilwirkung
Blutdrucksenkend, tumorhemmend, günstig den rheumatischen For-
menkreis* beeinflussend. Wegen Vergiftungsgefahr keine Anwendung mehr bei Bluthochdruck. Intravenöse Misteltherapie (durch
Einspritzungen) bei Bekämpfung und Linderung von bösartigen Tu-
moren; Aufnahme über Magen-Darm-Trakt unsicher.

Volksglauben
In der Mythologie spielt die Mistel von alters her eine besondere Rolle. Nach antiker Göttersage waren die gegabelten, im Winter mit einer
goldgrün schillernden Rinde versehenen Zweige das Vorbild der goldenen Zauberrute, aus der sich später die Wünschelrute entwickelte.
Vergil beschreibt, wie Äneas sich das im winterlichen Wald hoch auf
den Bäumen goldig schimmernde Mistelreis verschafft, mit welchem
er Einlaß in die Unterwelt erhält, um Persephone, die Gattin des Plu-
to, zu besuchen. Auch Hermes öffnete mit einem Mistelzweig die
Pforte des Hades, als er die toten Seelen ins Reich der Schatten be-
gleitete. Nach Homer und Vergil verleiht der »goldene Stab« Reich-

---

*Anmerkung: Unter rheumatischem Formenkreis versteht sich eine schmerz-
hafte Erkrankung der Gelenke und Muskeln.

tum, ferner gibt er Schlummer oder läßt diesen wieder schwinden; seine Zauberkraft vermag sogar vom Tode geschlossene Augen zu öffnen.

Nach germanischer Göttersage ist der Mistelzweig (altnordisch: mistiltein) die Winterrute, welche den Todesschlaf der Brunhilde herbeiführt, bis Siegfried den Zauber bricht. In der Baldur-Sage wird der strahlende Gott mit einem Mistelzweig ins Herz getroffen. Freia hatte, von Träumen ihres Sohnes Baldur beunruhigt, allen Wesen und Dingen den Eid abgenommen, Baldur nicht zu verletzen. Nur die Mistel, die östlich von Walhalla versteckt auf einem Baume wuchs, war von ihr übersehen worden. Der auf Baldur neidische Loki entlockte der Göttermutter dieses Geheimnis, holte einen Zweig der Mistel, gab ihn seinem blinden Bruder Hödur, richtete dessen Hand aus und als dieser warf (oder einen Pfeil schoß), fiel Baldur tot nieder. In der Völuspa, dem Eingangsgedicht der Edda (um 1000), heißt es dazu: »Ich sah Balder, dem blutenden Gott, Odins Sohne, Unheil bestimmt: Ob der Ebene stand aufgewachsen der Zweig der Mistel, zart und schön. Ihm ward der Zweig, der zart erschien, zum herben Harmpfeil: Hödur schoß ihn; und Frigg weinte in den Fensälen...« Die Gallier bezeugten, wie Plinius in seiner »Naturgeschichte« berichtet, der Mistel höchste Verehrung, sie wurde als »Allheilerin« betrachtet. Diese Verehrung erstreckte sich auch auf den Baum, auf welchem sie wuchs, besonders, wenn dies eine Eiche war. Eine Eichenmistel wurde von den Druiden im Rahmen einer großen Feier am sechsten Tage nach Neumond vom Baum geholt, indem einer von ihnen in weißen Kleidern auf die Eiche stieg, die Mistel mit einer goldenen Sichel abschnitt und sie dann, in seinen Mantel gewickelt, dem Oberpriester übergab. Sie wirkte gegen alle Gifte und sollte unfruchtbare Tiere fruchtbar machen. Nach germanischem Glauben war die Mistel Donar geweiht und schmückte zum Julfest die Räume (in England darf zu Weihnachten unter dem Mistelzweig jedes Mädchen geküßt werden!). Außerdem hatte sie Macht über den Nachtmar (Alp), denn man glaubte, daß sie nur auf Ästen wächst, auf denen der Nachtmar (ein Gespenst) geritten ist. Werden die Misteln gepflückt, dürfen die Zweige die Erde nicht berühren; sie müssen mit einem Tuch aufgefangen werden. Verschiedene Krankheiten, darunter die Fallsucht, werden von der Mistel vertrieben. Die Mistelbeere, in Silber gefaßt und am Hals getragen, schützt gegen Verhexung. Mit der Mistel kann man Diebe festbannen und das Obst wird gedeihen, wenn man zur Weihnachtszeit Mistelzweige an die Bäume bindet. Die seltene Haselmistel zeigt an, daß unter ihr ein Schatz verborgen liegt: »Mistelstruk, Hexestruk – we et hollt, fengk et Gold (wer es holt, findet Gold)«, sagt man im Rheinland, und bei Detmold heißt es: »Wo de Mistel wäßt (wächst), dor blojjet (blüht) dat Gold!« Der verborgene Schatz steckt dabei so tief in der Erde, wie sich die Mistel über dem Boden erhebt.

Die christliche Mythologie deutete den Mistelglauben in ihrem Sinne um: Danach war das Mistelholz das »heilige Kreuzholz«, nach der früheren Gabelform des Kreuzes Christi. Aus Mistelholz geschnittene Kreuzchen wurden, wie Amulette, gegen Zauber in die Kleider genäht, und Hieronymus Bock erwähnt in seinem Kräuterbuch (1539) die »pater noster«, Rosenkränze aus Silber mit Misteln. Nach Bock sind es etliche Empirici (landfahrende Ärzte) und Künstler, die aus der Mistel »paternoster« machen, sie in Silber fassen lassen und »henckens vnder anderm geschmeid den jungen kindern an die hälse«. Im Kräuterbuch des Jakob Theodor Tabernaemontanus (1588 bis 1731 mehrfach aufgelegt), des bekannten Bergzaberner Leibarztes und Schülers von Bock, wird über den Brauch der Zeit berichtet, die Misteln in Silber zu fassen oder auf eine Schnur zu ziehen und den Kindern umzuhängen. Neben der Aufzählung von Anwendungen gegen eine Vielzahl von Krankheiten meint er dann: »Es haben die Alten die Mistel Omnia sannantem genennt / also viel haben sie darvon gehalten / und auch so hoch geachtet / daß sie den Baum für heilig gehalten haben / darauff er gewachsen ist: Es wird auch von vielen geachtet / daß sie wider das Gespenst und Zauberey gut sey.« (Ausgabe 1687). Dazu gehört natürlich auch, daß man den richtigen Zeitpunkt kennt, wann sie zu pflücken ist. Dies soll nur im August sein, wenn die Sonne in dem Löwen geht«, oder zwischen zwei Frauentagen (der 15. August, Mariä Himmelfahrt, gilt als »großer Frauentag«; Mariä Geburt, der 8. September, als »kleiner Frauentag«). Wenn die Sonne aber im Sternbild des Schützen steht, so muß die Mistel drei Tage vor Neumond vom Baum geschossen und dabei mit der linken Hand aufgefangen werden.

Mistelamulette »wider die Berufung und den bösen Blick« hat man noch bis in unsere Zeit in manchen ländlichen Gegenden getragen. Einen Kranz von Weizenähren, Eisenkrautblüten und Mistelzweigen trug die Braut früher als Glücksbringer in der französischen Schweiz.

·BRENNESSEL.·

Nessel *Urtica dioica*

Andere Namen
Große Brennessel, Donnernessel, Scharfnessel

Pflanzensteckbrief
Die ausdauernde, bis 1,50 Meter hohe Pflanze hat herzförmige, ge-
spitzte, grobgesägte Blätter, die – wie die Stengel – mit Brennhaaren
bewehrt sind, und grünliche, geknäulte, zweihäusige Blüten in hän-
genden Rispen. Die Brennessel blüht von Juni bis Oktober in Nachbarschaft von Haus und Hof, auf Ödland, Sauerböden, an Feuchtstel-
len und Wiesen; gesammelt wird das ganze Kraut in den Monaten
April bis August.

Heilwirkung
Harntreibend und harnsäureausscheidend, blutbildend und -stil-
lend, antirheumatisch, haarwuchsfördernd, Verwendung als Tee
(Aufguß; leichte Abkochung der Wurzel); äußerlich bei Gicht, Hexenschuß und Rheuma (»schlagen« mit der »brennenden« Pflanze!)
und Hautunreinheiten; im Frühjahr als Beigabe (»Spinat«) zu Gemü-
se, Salaten und Suppen.

Volksglauben
In der Mythologie wurde die »brennende« Pflanze zum Schutz vor
Hexen und Dämonen gebraucht. Ihr nicht ohne weiteres erklärbares
Brennen begründete aber auch ihren Gebrauch als Gewitterpflanze
gegen Blitz und Brand. Schließlich ließen sich mit ihr ebenso »brennende« Schmerzen kurieren wie »feurige« Liebe erzeugen.
   Die Brennessel zählt zu den Neunkräutern (neunerlei Kräuter; die
neun war eine Zauberzahl!), mit denen man, besonders in der Sonn-
wendnacht, die Ställe ausräucherte und die man an Walpurgi den
Kühen ins Futter gab, damit sie vor allen Unbilden gefeit waren.
Wenn man die Neunkräuter zusammen mit neunerlei Holzarten
kochte und dann im Schein des abnehmenden Mondes vergrub,
ohne zu sprechen und ohne von jemand beobachtet zu werden, war
man von allen angehexten Leiden geheilt. In Böhmen gab es den
Brauch, in der Walpurgisnacht Brennesseln auf den Misthaufen zu

stecken und mit Stöcken zu schlagen, stellvertretend für die Hexen, welche aber diese Prügel spüren und daraufhin das Vieh verschonen. Auch kann man die Hexensperre – ein angezaubertes Seitenstechen – mit der Nessel vertreiben. Im Erzgebirge war der Brauch heimisch, in eine Ecke des Saatfeldes gegen Vögel (und Hexen) einen Brennnesselstrunk und einen Besenstiel zu stecken mit dem Worten: »Da Krah, das ist dein; und was ich steck, ist mein!« In Balingen auf dem Hirschberg wuchs ein sogenannter Brennesselmann mit ausgestreckten Armen und Beinen. Auf welche Weise man ihn auch auszurotten versuchte: er wuchs immer in derselben Form wieder nach. Keiner weiß warum oder vermag zu erklären, was vordem dort geschehen ist.

An die Bedeutung der Nessel als Gewitterkraut erinnert der niederdeutsche Name »Dunnernettel« (z. B. in Mecklenburg). In der Chemnitzer Rockenphilosophie (1707), einer Sammlung abergläubischer Spruchweisheiten aus der Spinnstube, heißt es: »Wenn man Bier brauet, soll man einen guten Strauß großer Brennessel auf den Rand des Bottichs legen, so schadet der Donner dem Bier nicht.« Das Bier kann also nicht umschlagen (sauer werden), wie etwa die Milch »umschlägt«, die sich bei Gewitter nicht zu Sahne schlagen läßt. Die serbischen Zigeuner winden aus neunerlei Kräutern, bei denen die Brennnessel nicht fehlen darf, einen Kranz und werfen ihn über das Dach ihrer Hütte, um dadurch den Blitz fernzuhalten. Den Bau neuer Hütten gründen sie auf Brennesseln mit Stechapfelsamen und Tannenzweigen, damit der Blitz nicht einschlagen kann. In Tirol werden Brennesseln bei Gewitter im Herdfeuer verbrannt.

Die Volksheilkunde wendet Brennesseln gegen mancherlei Krankheiten an: Erkältung, Milzbeschwerden, Frauenleiden, auch gegen die Fußgicht (»wenn die fuess wee tuon, das dy podagra hayst«). Sie diente außerdem dazu, die Heilungschancen vorauszusagen. Legte man die Brennessel in den Urin des Kranken und blieb sie dabei Tag und Nacht grün, so wurde er bald gesund; schrumpfte sie aber ein, so war jede Hoffnung auf Besserung umsonst. Ein Kranker kann auch – so eine Überlieferung aus der Mark Brandenburg – sein Fieber auf die Nessel übertragen und so gesunden, wenn er nach Sonnenuntergang etwas erbetteltes Salz über das Kraut streut und folgende Beschwörungsformel dazu spricht:

»Nesselstang, ich klage dir
Mein sieben und siebzigerlei Fieber plaget mich

Nimm es ab von mir,
Behalt es an dir! (Im Namen Gottes des Vaters u.s.w.)«
Ließ die Pflanze den Kopf hängen und verwelkte, dann hatte der
Sympathiezauber geholfen, und der Kranke war von diesem Fieber
auf alle Zeit erlöst.

Die Brennessel ist seit alters auch als Liebesmittel in Gebrauch; feurige Liebe kann durch brennende Nesseln geweckt werden. Der römi-
sche Schriftsteller Petronius Arbiter, der uns ein glänzendes Sittenge-
mälde vom Hofe Neros hinterlassen hat, schildert in seinem Werk
»Satyricon« (Saturae), wie Encolpius beim Liebesspiel versagt und von
einer Hexe den Rat bekommt, eine Salbe aus gemahlenem Pfeffer und
Nesselsamen in Öl anzuwenden und den Leib mit Brennesseln zu peit-
schen. Dioscurides, der griechische Militärarzt aus Anazarbos, der in
derselben Zeit (1. Jahrhundert n. Chr.) lebte, teilt in seinem Kräuterbuch (deutsch: 1610) mit: »Nesselsamen in Wein getruncken / macht
ein begierdt zur Vnkeuschheit / und eröffnet die verstopfte Beermut-
ter.« Otto Brunfels, einer der Väter der Botanik, pflichtet dem bei,
wenn er in seinem Kräuterbuch von 1532 schreibt: »Des somens uß
süssem wein getruncken / reytzet zu vukeuscheyt / vnd tuth vff die
macht (Scheide)… Etlich andere wenn sye wollen eeliche werck treiben / essen sye den somen mit zwyblen / eygs dotteren und pfeffer …
Welches fyerfüssig vyhe (vierfüßiges Vieh) nit läuffig ist / dem soll man
sei gemächt mit nesselen reiben / sye erwecken es.«

Brennesseln stehen schließlich noch in dem Ruf, verborgene Schätze zu finden. Sie helfen außerdem dem Alchemisten bei der Darstel-
lung der Pflanzenauferstehung: Wenn er die Asche einer verbrannten
Nessel in einer Lauge löst und diese gefrieren läßt, so erscheint in
dem entstehenden Eis das vollständige Bild der Nessel wieder.

Abschließend sei angemerkt, daß die Nessel auch in manchen Kin-
derversen oder Reimsprüchen vorkommt, wie etwa in dem folgen-
den:
»De Katte, de seet in'n Nettelbusch,
Im Nettelbusch verborgen,
Do keem de kleene König her
Un bod äer goden Morgen.«
Oder vom Teufel, der – im Wortsinne – reingefallen war:
»Dat Krut kenn ick – säd de Düwel, un sett sick
in de Brennetteln.«

·ORCHIS·

Orchis, kleine Orchis morio

Andere Namen

Kleines Knabenkraut. Neben Orchis oder Knabenkraut heißen die
heimischen Orchideenarten oft auch Ragwurz, Händelwurz, Stendelwurz, Höswurz und Sumpfwurz; die heilkräftige Wurzelknolle wird
unter dem Namen Salepwurzel gehandelt.

Pflanzensteckbrief

Der bis 30 Zentimeter hohe Stengel trägt länglich lanzettartige Blätter, die unten eine Rosette bilden, und Ähren mit 6–16 purpurroten,
grüngeäderten Blüten, deren Lippe dunkel gefleckt und schwach
dreilappig ist; der Sporn steht waagrecht und ist nach oben gebogen.
Die beiden getrennt stehenden Wurzelknollen (eine dunkle, ge-
schrumpfte Mutterknolle, auf welcher sich der Blütenstengel erhebt,
und eine helle, feste Tochterknolle, die den Stengel des nächsten
Jahres tragen wird) sind rundlich eiförmig. Die kleine Orchis blüht
von April bis Juni auf Wiesen und Weiden; gesammelt werden die
Tochterknollen zur Blütezeit.

Nicht alle Orchis-Arten verfügen (wie die kleine Orchis, die Helm-
Orchis, die schwarzköpfige Orchis, das stattliche Knabenkraut oder das
Sumpf-Knabenkraut) über die beiden Knollen; andere Arten (wie das
gefleckte Knabenkraut, das breitblättrige Knabenkraut oder die fleisch-
farbene Orchis) haben einen handförmig geteilten Wurzelstock.

Heilwirkung

Die sogenannte Salepwurzel (salep: arabisch = Fuchshoden) ist
schleim- und stärkehaltig; sie wird durch Abbrühen und Trocknen
der Tochterknollen gewonnen und dient zur Reizlinderung bei Katarrhen der oberen Luftwege und des Magen-Darm-Traktes sowie als
einhüllender Zusatz bei Einläufen. Im Orient heute noch als liebes-
steigerndes Mittel in Gebrauch, obschon eine erotisierende Wirkung
wissenschaftlich nicht nachweisbar ist.

Volksglauben

Wegen der Form der Wurzelknollen, die an Hoden erinnern (Orchis:
griechisch = Hoden) glaubte man schon im Altertum, die Liebeskräf-

te durch den Genuß der Knollen steigern zu können. So deuten auch die meisten Namen der Pflanze in diese Richtung: Priesterhoden (testiculus sacerdotis), Satyrion, Knabenkraut, Stendelwurz, Ragwurz, Höswurz, Gierwurz, Bockshödlein, Geilwurz u.a. Der griechischen Sage nach wurde Orchis (eine Gestalt der griechischen Mythologie), als er einer Priesterin des Dionysos Gewalt antun wollte, von wilden Tieren zerrissen und in eine Orchidee verwandelt. Als Satyrion war sie die Lieblingsspeise der Satyrn, jener Fruchtbarkeitsdämone, die wegen ihrer Lüsternheit berüchtigt waren. Dioscurides beschreibt den Unterschied der beiden Wurzelknollen der »Knabenwurtz« wie folgt: »Wenn die Männer die große volkommene Wurtzel essen / so ziehen sie knäblin / gleich wie die Weiber von den kleinen wichen / Mägdlin. Man sagt beneben von den Weibern in Thessalia daß sie den Männern ein Begirdt und Lust zur Vnkeuscheit zu machen denselbigen die runde / volle Wurtzel mit Geissen Milch zu trincken geben. Vnd widerumb der Begierde und Lust zu wehren die weyche / runtzlechte: Sintemahl ein jede vnder diesen beyden / der andern widerstehe / vnd eine nach der andern eingenommen / der anderen ihre krafft beneme.« Und von der Stendelwurz meint er gar, daß schon deren bloße Berührung die Liebeslust entflammen könne: »Man sagt auch / daß diese Wurtzel in der Handt gehalten ein Begirde zur Vnkeuscheit verursache. Aber viel mehr / wenn sie in Wein getruncken wirdt.« Fragt man nach den Ursachen dieses Glaubens an die potenzsteigernde Wirkung der Orchis, dann stößt man auf die sogenannte Signaturenlehre, die besonders im 16. und 17. Jahrhundert in Blüte stand. Danach steht die ganze Natur in einem gottgewollten Sinnzusammenhang und jedem Heilkraut sind von der Natur Zeichen eingegeben, die den Menschen seine Wirkweise erkennen lassen (»similia similibus« = Ähnliches mit Ähnlichem zu heilen!). Daher muß das Leberblümchen beispielsweise wegen seiner leberförmigen Blätter gut für die Leber sein, die Walnuß, weil sie äußerlich an die Windungen des Gehirns erinnert, bei Leiden dieses Organs helfen. Paracelsus, der sich mehr als Naturbeobachter denn als Arzt sah, neigte dieser Lehre zu und führte sie beispielhaft an der Orchis aus: »secht an die wurtzel satyrion, ist sie nicht gestalt wie eines mans scham? niemant kan anderst sagen, darumb sie durch die magicam anzeigt und durch die magica ist erfunden worden, das sie den mannes ir verlorne mannheit und unkeuschheit wider bringt.« Aber nicht nur beim Menschen, sondern auch beim Vieh soll die Orchis ihre Wirkung tun. Otto Brunfels (1532) berichtet dazu: »Es haben in etlichen landen die hyrten den brauch / das sye ab dißem kraut den wideren / vnnd den böcken zu trincken geben / da mit sye wol springen mögen. Vnd in Sarmaria gibt man solichs den rossen / die faul seind / vnd aüß gleicher vrsach nit steigen. Ist also erkundiget worden / das es auch den vnkrefftigen mannen breüchlich vnd dyenstlih ist.«

Im germanischen Altertum war die Liebeskraft der Orchis ebenfalls bekannt. Das gefleckte Knabenkraut (mit einem handförmigen Wurzelstock) war Frigga (Freia), der Göttin der Liebe, geweiht; sie reichte das »Friggagras« auf ihren Umzügen der Jugend. Auch die Riesin Brana schenkte Halfdan, ihrem Geliebten, eine Orchis – das Brönnagras –, damit er immer kräftig und treu ist. Aus der duftenden Stendelwurz wurde ein Liebestrank gebraut. Die Händelwurz trug ihren Namen nach der Hand eines Riesen; später erkannte man in ihr die schaffende Hand der Natur: die weiße (noch frische) Wurzel hieß Marienhand, die schwarze (vorjährige, vertrocknete) aber Satanshand oder Totenfinger. Beide konnten leicht durch eine Wasserprobe unterschieden werden, die weiße schwamm oben, die schwarze ging unter. Die schwarze Wurzel wurde mit dieser Probe zum augenfälligen Beweise dafür, daß sie die Satanshand (der Totenfinger) sei, mit der weißen aufs Wasser gelegt; nur die erstere ging dann unter. (Dies soll noch im vorigen Jahrhundert der Bauer in Schweden seinen Kindern vorgeführt haben!)

Orchideen, welche einen handförmig geteilten Wurzelstock besitzen, lassen am Johannistag (der vorchristlichen Sommersonnenwende) zwischen elf und zwölf Uhr die geheimnisvolle »Johannishand« aus dem Boden wachsen, die man sonst nur aus dem Wurzelstock eines bestimmten Farnkrauts erhält. Die Mädchen in Böhmen nähen sie ins Kopfkissen ein; sie können dann im Traum den Namen ihres Liebsten erfahren. Als »Glückshändchen« wurden die Wurzelknollen der Orchis noch Anfang dieses Jahrhunderts am Johannistag in Leipzig verkauft; man legte sie in seine Geldbörse, damit das Geld nie ausging.

PIMPERNELLE

Pimpernelle Pimpinella saxifraga

Andere Namen
Bibernelle, Pimpinell, Bockwurz, Pfefferwurz, Steinpetersilie

Pflanzensteckbrief
An einem bis 50 Zentimeter hohen, oben fast blattlosen Stengel sitzen
einfach gefiederte, kerbig gesägte Blätter und weiße Blüten in Dolden
von 6–15 Strahlen. Die walzenförmige Wurzel schmeckt scharf und
riecht gewürzartig (Bocksgestank). Die Pflanze wächst auf Trockenrasen, an Wegrändern, in Wiesen und blüht von Juni bis Oktober; gesammelt wird die Wurzel im März und April oder im September und
Oktober.

Heilwirkung
Abkochungen, Kaltauszüge und Tinkturen aus der Wurzel werden bei
Katarrhen der oberen Luftwege, bei Husten und Heiserkeit und als
Mundpflegemittel empfohlen; die frische Wurzel auch gegen Durch-
fall. In der Homöopathie Anwendung bei Nasenbluten, Kopfschmer-
zen und Nackensteife.

Volksglauben
Hildegart von Bingen, die erste deutsche »schreibende Ärztin« (1098–
1178), berichtet in ihrem Hauptwerk (»Causae et curae«) über die
Herstellung münzengroßer Törtchen aus Weizenmehl, welche, mit
dem Saft von »bibinella«, Osterluzei und mit Ingwer gebacken, den
Magen reinigen und Verdauungsstörungen beseitigen. Im Mittelalter
beschäftigen sich auch die »Väter der Botanik« mit dem Kraut: Leonhard Fuchs (1545) veröffentlicht schöne Holzschnitte der großen und
der kleinen »Bibinell« und Otto Brunfels (Kräuterbuch von 1532)
schildert zu einer Zeichnung »Von der Bibinellen« im Text ihre dama-
lige Anwendung unter anderem wie folgt: »Macht harnen. Leget die
harnwynde. Reyniget die brust. Treibet das pestilentzische gyfft von
dem hertzen. Tödtet von wegen seiner natur alle feber / der safft dou-
on / vnd das geköcht / getruncken ee dann das wee einen ankumpt.«
Auch Adam Lonitzers Kräuterbuch (wiederaufgelegt 1679), welches

u.a. 400 Abhandlungen über Pflanzen enthält, kommt auf die besondere Wirkung gegen »pestilentzisch Geblüt« zu sprechen: »Die Wurtzel in Wein gesotten / den getruncken / treibt das vergifftig pestilentzisch Geblüt vom Hertzen ab / und stillet auch das Hauptwehe.« Noch ausführlicher geht Tabernaemontanus aus Bergzabern auf die Pimpinelle ein (Kräuterbuch, wiederaufgelegt 1687). Auf neun Seiten beschreibt er ihre Heilkräfte, unter anderem gegen Quecksilbervergiftung und Franzosen-Krankheit, erwähnt ihre Anwendung gegen »pestilenzisch Geblüt« und »pestilenzisch Vergiftung« und berichtet dann über eine auch »äußerliche« Anwendung des Krauts: »Die gemeldete Wurtzel auf blosser Haut am Halß getragen / sol den Menschen bewahren / daß ihn die Pestilentz nicht anstosse. Und so auch einer damit inficirt wird / sol er vor allen dingen erstlich ein Bibernellenwurtzel an Hals hencken / darnach ein Schweiß- und Gifft-Tranck einnehmen / drey Stunden darauf schwitzen / so sol ihme diese vergiffte Seuch nichts schaden / welches glaubwürdige Leut betheuren / wahr seyn / die es erfahren haben: Dieweil dann solches ohne allen Aberglauben zugehet / mag man es versuchen / dann viel verborgener Heimlichkeit in der Natur sind / die wir mit der Vernunfft nicht erreichen mögen / wie dann solches die tägliche Erfahrung bezeuget.«

Daß die Bibernelle – oft mit einem bestimmten anderen Kraut zusammen – wirklich gegen Pest und Cholera hilft, wird in vielen einander ähnlichen Sagen aus dem deutschen Sprachraum belegt. Mal ist es ein sprechender Vogel, mal eine Stimme, die aus dem Himmel kommt, oder auch ein Engel, der den Menschen an die Wunderkraft der Bibernelle erinnern. Sobald die Leidenden den Hinweis beherzigen, wird die Ausbreitung der Seuche gestoppt und die noch Lebenden sind gerettet. Als im 14. Jahrhundert die Pest im badischen Wiesental wütete, kam zur Zeit des größten Sterbens ein Vogel vom Himmel geflogen und sang:

»Eßt Durmandill (Tormentill, Blutwurz) und Bibernell
So sterbt ihr nit so schnell!«

Die Menschen gehorchten und die Seuche verschwand. In Gaden (Niederösterreich) war es 1832 die Cholera, an der die Menschen reihenweise starben. Da kam ein Vogel aus dem Wald, setzte sich auf den Kopf eines Mannes, der an der Pestsäule vorbeiging, und schrie:

»Eßt Kranenbeer (Wacholderbeeren) und Bibernell,
So sterbts net so schnell!«

Im Bayrischen Wald in der Pfarrei Freyung wütete einst die Pest so sehr, daß manche Dörfer ganz ausgestorben waren. Da kam eines Tages ein Vogel an das Fenster eines Überlebenden und sang:

»Eßt's nur brav Ehrenpreis und Pimpernell,
Dann bleibt's gesund und sterbt's nöt so schnell!«

Die noch Lebenden befolgten den Rat und die Macht der Pest war gebrochen! Auch im Wiener Wald forderte die Pest einst ihre Opfer und dezimierte die Bevölkerung. Die Menschen gingen in sich und beteten zu Gott. Da erschien plötzlich ein nie gesehener falkenähnlicher Vogel und sang im Fluge:

»Iß Kranabir und Bibernell
So wirst nit krank und stirbst nit schnell!«

Ein anderer Vogel setzte sich in Kissingen auf die Gräber, wohin schon viele Pesttote gebracht worden waren, und pfiff:

»Ihr Leut', Ihr Leut', eßt Bibernell,
so werd't Ihr bleiben mein Gesell!«

Man legte darauf Bibernellwurzel in Branntwein, trank diesen und die Pest hörte auf.

Als die letzte große Viehseuche Lechrain (Österreich) heimsuchte, erschienen Vögel von seltsamem Aussehen und sangen von der Bibernelle, mit der man den Tod verscheuchen könne. Und in Ostpreußen, wo einst ebenfalls ein großes Viehsterben herrschte, ertönte daraufhin eine Stimme aus der Luft:

»Nehmt Bibernell und Armetill (Blutwurz)
Wer sein Viehchen retten will!«

In Tempelburg (Neustettin) ward eine Stimme gehört, als dort die Cholera ausgebrochen war:

»Bruckt Bibernell, bruckt Bibernell,
Dat ji nich starft (sterbt) so schnell!«

Als im Jahre 1629 die Pest im Toggenburger Land (Schweiz) die Menschen dahinraffte, hörte ein Bauer vom Himmel rufen:

»Esset ihr die Pimpernelle,
so sterbet ihr nicht so schnelle!«

Die Menschen befolgten den Rat und das Sterben hörte auf. Der »große Tod« forderte 1611 auch in Werdenberg (St. Gallen) seine Opfer; hier erscholl eines Abends aus den Lüften der Ruf:

»Esset Knoblauch und Bibernelle,
Dann sterbet ihr nit so schnelle!«

·QUENDEL·

Quendel *Thymus pulegioides*

Andere Namen
Wilder Thymian, Karbendelkraut, Kundelkraut, Rainkümmel

Pflanzensteckbrief
Die ausdauernde Pflanze wird bis 20 Zentimeter hoch und bildet würzig duftende Teppiche, mit kleinen violett-roten Blütenköpfen; Blätter elliptisch bis länglich; Stengel am Grunde holzig. Das Kraut blüht von Juni bis Oktober auf Mauern und Trockenrasen, an Wegrändern und Hängen; gesammelt wird die blühende Pflanze.

Heilwirkung
Teeaufguß als Hustenmittel, bei Katarrhen der oberen Luftwege und Erkältungen, bei Magen-Darm-Beschwerden sowie als schweißtreibendes Mittel, außerdem desinfizierend, krampflösend und antibakteriell wirksam. Alkoholische Auszüge zu Einreibungen bei rheumatischen Schmerzen, Verstauchungen und geschwollenen Gelenken. Kräuterkissen und Badezusatz bei Schlafstörungen und nervösen Beschwerden.

Volksglauben
Schon bei Ägyptern, Griechen und Römern wurde Quendel als Heil- und Gewürzkraut verwendet. Die Griechen mischten ihn zusammen mit Wohlgemutkraut (Dost) den Feldarbeitern unter die Mahlzeit, um sie arbeitsfroher zu machen. Auch wurde er im Altertum zum Würzen von Speisen und Wein, zur Herstellung von duftenden Salben und bei der Bereitung des (dem Theriak vergleichbaren) Universalmittels Mithridatikum verwendet, das – angeblich von Mithridates entdeckt – zeitweilig bis zu 43 Bestandteile enthielt und als umfassendes Mittel gegen alle Krankheiten und Gifte bis ins 18. Jahrhundert in Gebrauch war. Bei Dioscurides findet sich in der deutschen Ausgabe von 1610 eine Beschreibung des »Wälschen Quendel«, das heißt des Gartenthymians, der – aus Italien kommend und durch die Klöster verbreitet – im Unterschied zum wilden Quendel damals als welscher oder römischer Thymian bezeichnet wurde. In der germanischen Mythologie war der Quendel Freya (Frigga) geweiht. Später

wurde er zur Blume der Maria verchristlicht, wobei die dem Quendel zugeschriebene Wirkung bei Frauenleiden eine Rolle gespielt haben mag. »Er treibt die Monzeit der Frawen / die Frucht vnd das bürdlin (Nachgeburt) auß«, heißt es bei Dioscurides, und Brunfels (1532) gibt an: »treibt auch das todt kindt vß muter leib«. Im Quendel wird (neben dem Labkraut) auch das Marienbettstroh gesehen, das dem Jesuskind von Tauben gebracht und als Lagerstroh in die Krippe gelegt wurde. Außerdem erzählt die Legende, daß Maria sich bei einem Gang übers Gebirge auf einen Quendelteppich setzte und dort rastete. Bei ihrer Hochzeit mit Josef soll sie auch ein Kränzlein von Quendel auf dem Haupt getragen haben. In den Weihkrautsbünden der meisten Gegenden hat der Quendel seinen festen Platz. Quendel ist aber auch Bestandteil der Antlaßkränze (Ablaßkränze, wegen Entlassung aus einer auferlegten Bußezeit), die bei den süddeutschen Fronleichnamsprozessionen mitgeführt werden. Solche Antlaßkränze werden aus Quendel (Kranzlkraut) und Mauerpfeffer oder Kornblumen, zusammen mit Traubenkirschen- und Haselzweigen gewunden und verfügen über allerlei Zauberkräfte. Über Türen, hinter Kruzifixe oder Heiligenbilder gehängt, halten sie Geister und Dämonen ab und schützen auf dem Dach vor Blitzschlag. Im Stall verhüten sie die Behexung des Viehs. In der Gegend um Ingolstadt wurde die erste Getreidegarbe mit einem Antlaßkränzchen geschmückt, damit der Blitz die Ernte in der Scheune verschont. Das kranke oder beschriene Vieh erhielt Antlaßkränze oder -kräuter ins Futter und junge Gänse zog man durch den Kranz (Ringzauber!), um sie gegen Erkrankungen zu feien. Schließlich legte man auch Kräuter aus dem Kranz den Neuvermählten – die Anfeindungen und Versuchungen in besonderem Maße ausgesetzt sind – in die Brautschuhe, oder die Braut trug ein Antlaßkränzchen bei sich, damit ihr niemand etwas Böses anhaben konnte.

Die ins Antlaßkränzchen häufig eingeflochtene Kornblume hat noch eine besondere Beziehung zum Fronleichnamstag: man sagt ihr nach (z. B. bei Leonberg in Württemberg), daß sie das Bluten einer Wunde stoppt, wenn man sie am Fronleichnamstag gepflückt hat und solange in der Hand hält, bis sie warm geworden ist. So heißt es schon in der »Chemnitzer Rockenphilosophie«, einer wiederholt verlegten Aberglaubensammlung »superkluger Weiber« (Chemnitz 1707): »Am Fronleichnamstag eine blaue Kornblume mit der Wurzel ausgerauft stillt das Nasenbluten, wenn man sie in der Hand hält bis sie erwarmet.«

Schon Germanen und Gallier sahen im Quendel ein Kraut mit apotropäischer (antidämonischer) Eigenschaft. Er schützt vor Hexen und Teufeln und wird deshalb über Haus- und Stalltüren geheftet oder ins Fenster gestellt. Im Salzburger Land flochten die Mädchen Kränze aus Quendel und hingen sie vors Fenster, damit nicht der Teufel in Gestalt eines schmucken Burschen zu ihnen hereinkäme. Als einst der Teufel sich als Bauerssohn verkleidet mit einem Mädchen zu Mitternacht vor ihrem Kammerfenster verabredet hatte, gewahrte er dort einen (vorsorglich von dem Mädchen hingestellten) Strauß Kundelkraut (Quendel) und Widerton (goldenes Frauenhaarmoos). Da fuhr er blitzschnell durch die Luft und schrie:

»Kundelkraut und Widritat

Haben mi um mei Madl bra(ch)t!«

Wenn man ein Büschel Quendel in die Milch legt, kann sie nicht »verschrieen« werden. Wer einen Quendelstengel mit der rechten Hand dreimal um den Kopf schwingt und dabei die Worte:»Quandel mach mir Handel« spricht, kann mit einem guten Verkauf seiner Waren rechnen. Quendel bewirkt aber auch bei den Bienen, daß sie ihren Korb annehmen: So heißt es bereits im 16. Jahrhundert:»Der Stock soll sein bestrichen / mit edlem Thymian / wans nur das Kräutlein riechen / sie gern sich halten lan!«

Verschreien, beschreien oder berufen von Mensch, Tier oder Dingen (Nahrung, Waffen) bedeutet die Ausübung magischer Macht durch Verzauberung, ähnlich dem Gebrauch des »bösen Blicks«, dessen Träger durch bloßes Anschauen eines Menschen oder Tieres Krankheit oder Tod verbreiten kann. Ist etwa ein Kind beschrieen worden – dies kann allein durch übermäßiges Loben der Gesundheit oder des guten Aussehens erfolgen, das die Neiddämonen auf den Plan ruft! – dann ist es nicht leicht, diese Verzauberung (Krankheit) wieder zu lösen. Hier helfen die Beschrei- oder Berufkräuter wie Frauenflachs, Sumpfgarbe, Kreuzkraut oder das wörtlich so benannte Berufkraut (Erigeron), mit deren Absud das Kind gewaschen werden muß. Wird die Brühe nach dem Waschen gallertartig, so war das Kind tatsächlich beschrieen; bleibt sie dünn, so hat die Krankheit andere Ursachen. Beschreikräuter werden einem Kind als Schutzmittel auch vorsorglich in die Wiege gelegt.

TAUSENDGÜLDENKRAUT.

Tausendgüldenkraut *Centaurium minus*

Andere Namen
Fieberkraut, roter Aurin, Sinögge, Erdgalle

Pflanzensteckbrief
Stengel bis 40 Zentimeter hoch, vierkantig; Blätter unten rosettenförmig; obere Blätter am Stengel gegenüberstehend, geradrandig; Blüten fünfzählig, rosafarben, die sich nur bei voller Sonne öffnen. Die Pflanze schmeckt bitter und blüht von Juni bis September auf trockenen Rasenflächen, Waldlichtungen, Wegrändern, Autobahnauffahrten; gesammelt wird das blühende Kraut.

Heilwirkung
Der Teeaufguß oder Kaltauszug dieses Bittermittels dient zur Appetitanregung und Erhöhung des Magensaftes und wird bei Verdauungsschwäche und Appetitlosigkeit sowie allgemein als Stärkungsmittel empfohlen.

Volksglauben
Der lateinische Name »Centaurium« erinnert an die Centauren (Pferdemenschen) der griechischen Sage. Der verwundete Centaur Chiron heilte sich mit diesem Kraut, das er selbst entdeckt hatte. Die deutsche Bezeichnung beruht auf einer Fehlübersetzung aus »centum« (hundert) und »aureus« (Gulden), daher eigentlich Hundertguldenkraut. Im Volke hielt man es für tausend Gulden wert wegen seiner Heilkraft gegen Fieber. Man durfte es, wenn man es fand, nie ungepflückt lassen; selbst ein Reiter mußte dort, wo er es antraf, absteigen, um es zu pflücken, und jede Frau, die des Weges kam, war gehalten, der Blüte einen Kuß zu geben. Tausendgüldenkraut zieht aber auch die Blitze an und spielt als Hexenkraut eine bedeutende Rolle. Man sagt, daß es den Menschen seherische Fähigkeiten vermittelt; trägt man es nämlich auf der Stirn, so kann man die Hexen in der Walpurgisnacht beobachten. Von einem Schneider Denkemeier in Hüttenrode (Harz) wird erzählt, daß er sich einst an einem ersten Mai zwischen elf und zwölf Uhr mittags hinter den Fischerschen Gasthof setzte. Auf den Kopf hatte er sich einen Kranz von Tausendgül-

denkraut gelegt. Da konnte er sehen, wie auf einmal drei Frauen durch die Luft gesaust kamen: eine auf einem Ziegenbock, eine auf einem Esel und eine auf einer Gans. Ähnliches wird aus Rottal (Niederbayern) berichtet: Wer sich mit einem solchen Krautkranz auf der Stirn in der Walpurgisnacht auf eine Kreuzung setzt, kann die Hexen sehen, wie sie auf Ofengabeln in Richtung auf den Untersberg reiten. Übrigens wird auch einigen anderen Kräutern nachgesagt, daß man mit ihrer Hilfe die Hexen sehen könne. Dazu gehört der Gundermann, der vierblättrige Klee und die in der Karfreitagnacht gegrabene Wurzel des Liebstöckels.

In Österreich gilt das Tausendgüldenkraut als »Vaschreikräutl«. Man badet darin Kinder, die stark abnehmen, weil sie wohl von einer Hexe verschrien wurden, damit sie wieder gesund werden. Besser ist es natürlich, den Kindern das Kraut schon vorsorglich in die Wiege zu legen, damit Zaubereien gar nicht erst möglich sind. Als ein hexen- und dämonenwidriges Kraut ist das Tausendgüldenkraut eng mit der Pfingstrose (Paeonia) verwandt, deren Samen den Alp (ein Nachtdämon) verscheucht, wenn er sich nachts auf die Brust des Schläfers setzen will und das »Alpdrücken« verursacht. Matthiolus, der berühmte italienische Gelehrte des 16. Jahrhunderts, meint dazu: »15 schwartzer Peonienkörner ... sindt treffentlich gutt wider den Alp oder Schrätel, das ist ein sucht oder fantasey so den menschen im schlaff druckt, daß er nicht reden noch sich regen kann.« Auch er hält »vorbeugende Maßnahmen« bei Kind und Haus für angebracht: »welch kint disser körner by ym dreyt (trägt), dem mag der böse geyst keyn bös zufügen. Item wo diss körner sind in eym huse (Haus), dem huse mag der böse geyst nit schaden noch keyn ungewitter zufügen.« Im Fränkischen nennt man die Samen der Pfingstrose auch »Schreckkörner«. Man reihte sie auf eine Schnur und hing sie den Kindern um den Hals, damit das »Fraisen«, das schreckhafte Auffahren im Schlaf, verhindert wurde.

Eine weitere Zauberpflanze aus der Gattung der Enziangewächse, der auch das Tausendgüldenkraut angehört, ist der Kreuzenzian, auch Geerkraut oder Kreuzwurz genannt. In alten Schriften wird er aber auch mit Modelgeer oder Sperenstich bezeichnet – letzteres, weil er wegen seiner kreuzweise in der Mitte durchstochen erscheinenden Wurzel in dem Ruf stand, diese Gestalt durch Stiche des Teufels mit dem Speer erhalten zu haben. Anderenorts trat Jesus an die Stelle des

Teufels, zumal die kreuzgegenständig angeordneten Blätter der Pflanze die Kreuzesform wiederzugeben scheinen. Otto Brunfels sagt zum Namen folgendes (1532): »Sein wurtzel ist weisß / auch einer spannen lang / vnd hyn vnd här als ob sye zerstochen were / vnd wider zugewachßen / vast wunderbarlich / vnd solich stich seynd creutzweiße / darumb mans nennet Creutzwurtz / vnd Sperenstich.« Wegen der hervorragenden Zauberkräfte sagte man vom Kreuzenzian: »Modelgeer ist aller Wurzeln Ehr!« Leonhard Thurneysser, Leibarzt und Alchemist, gab bereits 1569 den Rat, »verbeen, agrimonia und modelger« (Eisenkraut, Odermennig und Kreuzenzian) nur am Karfreitag und mit einem goldenen Werkzeug zu graben, dann könne man der Gunst der Frauen sicher sein. Auch wurde die Wurzel unter bestimmten Beschwörungsformeln den Schweinen unters Futter gemischt, wenn eine Seuche drohte. In der Steiermark hing man noch Anfang dieses Jahrhunderts in den Schweineställen ein Fläschchen mit zerschnittener Modelgeerwurzel und Fenchelsamen auf, damit der »böse Feind«, der die Seuche verursacht, zuerst das Fläschchen untersucht und, bevor er die vielen kleinen Samenkörner zählt, sich lieber zu anderen Untaten davonmacht. Auch der Jäger nutzte die Kraft des Modelgeer: Wenn er sicher sein wollte, daß ihm das Rohr seiner Flinte nicht »versprochen« wurde, so fütterte er den Feuerstein mit Modelgeerwurzel. Diese mußte übrigens an einem Samstag vor Sonnenaufgang mit einem Pfennig ausgegraben und heimlich unter das Altartuch gelegt werden, damit der Pfarrer, ohne es zu wissen, drei Messen darüber lesen konnte.

Vom Kreuzenzian erzählt man sich in Ungarn folgende Sage: Zur Zeit König Ladislaus des Heiligen (1077–1095) brach eine schreckliche Pest aus, gegen die alle Ärzte machtlos waren. Da erschien dem König im Traum ein Engel, der ihm auftrug, einen Pfeil in die Luft zu schießen: diejenige Pflanze, auf welcher der Pfeil landen würde, sei geeignet, der Seuche Einhalt zu gebieten. Am nächsten Morgen tat der König wie befohlen. Der Pfeil blieb auf dem Kreuzenzian liegen, der seitdem in Ungarn »Kraut des hl. Ladislaus, des Königs« heißt. Bei der Entstehung dieser Sage mag die durchstochen wirkende Wurzel eine Rolle gespielt haben. In Deutschland wird dieselbe Sage von Karl dem Großen berichtet. Hier fiel allerdings der Pfeil auf die Silberdistel (Eberwurz) nieder, die seitdem mit dem lateinischen Namen Carlina bezeichnet wird.

Teufelsabbiß *Succisa pratensis*

Andere Namen
Abbißwurzel, Teufelswurzel, Stickblümchen, Kugelskabiose, St. Peterskraut, blauer Hans

Pflanzensteckbrief
An einem bis 90 Zentimeter hohen, aufrechten Stengel befinden sich wenige gegenständige, schmale Blätter und eine lila-blaue, zuletzt kugelige und etwa zwei Zentimeter im Durchmesser große vielteilige Blüte; der Wurzelstock ist kurz und sieht unten wie abgenagt aus, mit einem dichten Kranz von Einzelwürzelchen. Die Pflanze blüht von Juli bis September auf Feuchtwiesen, Flachmooren und an Waldrändern. Gesammelt wird im Juli und August das ganze Kraut, die Wurzel allein im Frühjahr oder Spätherbst.

Heilwirkung
Wurzel und Kraut, als Aufguß, Abkochung, Tinktur oder Frischsaft, werden innerlich und äußerlich bei Hautkrankheiten (Abkochung auch zum Gurgeln) und Schleimhautentzündungen verwendet, als Blutreinigungsmittel sowie bei Erkrankungen der Atemwege und der Galle. Junge Blätter können im Frühjahr auch als Salat gegessen werden.

Volksglauben
Teufelsabbiß wurde in der Vergangenheit auch noch gegen andere Leiden wie Herzstechen, Brustbeschwerden, Augenleiden, Pest und Vergiftung angewendet. Nach der Sage richtete der Teufel mit der Wurzel viel Unheil unter den Menschen an, worauf sich die Muttergottes ihrer erbarmte und dem Teufel die Macht über die Pflanze nahm. Darüber geriet der Teufel in Wut und biß den größten Teil der Wurzel unter der Erde ab. Erst dadurch kam es zu der Verstümmelung des Wurzelstocks, die bis zum heutigen Tage fortbesteht und dem Kraut auch den Namen gab. Dies wird bereits 1485 im »Gart der Gesundtheit«, dem von Peter Schöffer in Mainz herausgebrachten ersten wichtigen Kräuterbuch des Mittelalters, berichtet. Otto Brunfels stellt ein halbes Jahrhundert später (1532) die Sage so dar, daß

der Teufel auf die großen Heilkräfte der Pflanzenwurzel für die Menschen neidisch war und sie deshalb abbiß, um ihre Kraft zu schwächen: »Vnd haben auch die alten weiber bye ire fantasien / sprechen es sey so ein kostliche wurtzel / das der böße feind soliche kostliche artzney dem Menschen vergunnet (mißgönnt) / vnd sobald sye gewachßt / beiße er sye ab / da här sye haben soll iren nammen Teüffels Abbisß / vnd in latin Morsus diaboli. Mag villeicht sein / das solich abgefaulet / oder sonst / das ich meer glaub / die natur ire wunder darinn habe.« Tabernaemontanus (Kräuterbuch 1588) ereifert sich stark über den Aberglauben seiner Zeit, wenn er, nach einem Bericht über die Namensbildung, schreibt: »Dieser Teuffels Lügen geben noch viele Menschen Glauben / und sonderlich die alten Weiber / die den mehren Theil zum Aberglauben mehr geneigt seynd als gut ist. Dieweil nun das nichts neues / und noch mehr wurtzeln gleicher Gestalt wie diese wurtzel unden her in der erden abfaulen / oder von den Würmern abgefressen werden / halt ich nicht werth seyn solche Lügen und abergläubisch teuffelisch Gedicht zu widerlegen / und die Zeit unnütz darmit zuzubringen.«

Nach der Chemnitzer Rockenphilosophie (1707) glaubte man später, daß die Wurzel des Teufelsabbiß am Vorabend des Johannistages um Mitternacht noch »vollständig« sei und deshalb zu diesem Zeitpunkt gegraben werden müsse. Allerdings kommt der Teufel schnell zur Sache: »Ergo, so muß der Teufel in dem Moment, da die Mitternacht vorbei ist, gleichsam so schnell als der Blitz, in der Erde als eine Schermaus oder Maulwurf herumreiten und diese Wurzel abfressen.«

Nach dieser Vorgeschichte ist verständlich, daß der Teufelsabbiß, schon seiner besonderen Wurzel wegen, als ein unheilabwehrendes Mittel gegen Teufel und Hexen in Gebrauch war. Im erwähnten »Gart der Gesundtheit« von 1485 heißt es, wer die Pflanze bei sich trägt, dem »kann der dufel keyn schaden zufügen. Auch mag ym keyn zauberey geschaden von den bösen wyben (Weibern)«, womit die Hexen gemeint waren. Doch später war man auch der Ansicht, das Kraut schütze gegen jede Art »böser Weiber Tücke« sowie gegen den »bösen Blick«, wenn man es bei sich trage. Wirft man es bei einem Gelage unter den Tisch, so bricht Zank und Streit unter den Gästen aus. In Tirol graben die Bauern das Kraut unter die Schwelle der Stalltür, damit die Hexen dem Vieh nichts antun. In einem alten Kräuterrezept aus Mecklenburg gegen Hexenspuk wird die genaue Dosierung mitgeteilt: »Für 2 Schilling Teufelsabbißwurzel, für $^1/_2$ Sch. witten Urant (weißer Dorant, vermutlich Sumpfgarbe), für 2 Sch. Allermannsharnischwurzel (ein auf Bergwiesen vorkommender Lauch), für $^1/_2$ Sch. Teufelsdreck (eingetrocknetes Gummiharz, asiatischer Doldenblütler der Ferula-Art) und für $^1/_2$ Dreiling (Dreipfennigstück) schwarzer Kümmel. Zu räuchern und auch 3 Messerspitzen voll zu nehmen.«

Von der Entstehung der seltsamen Wurzel, die die Gemüter unserer Vorfahren immer wieder bewegte, gibt es noch andere Sagen. In Bayern erzählt man sich von einem jungen Mann, der mit dem Teufel einen Pakt abgeschlossen hatte. Er verpfändete ihm seine Seele und der Teufel verriet ihm dafür alle Geheimnisse der Kräuterkunde. Mit der Zeit wurde der Kräuterheiler so geschickt und konnte so vielen Leuten helfen, daß der Teufel fürchtete, er würde der Hölle zuviel Abbruch tun. Daher machte er ihn blind. Doch der Unglückliche kannte ein Kraut mit heilkräftiger Wurzel, band sieben Stück davon auf dem Rücken zu einem Büschel zusammen und erhielt das Augenlicht wieder. Da ergrimmte der Teufel und biß, um ihre Wirkung zu zerstören, die Wurzel in der Mitte ab. Deshalb wächst sie noch bis zum heutigen Tage unter dem Namen Teufelsabbiß und vermag auch weiter Augenleiden zu heilen. Nach einem alten Rezept soll man vier bis fünf Wurzeln Teufelsabbiß zerschneiden und, auf einen Faden gereiht, an den bloßen Hals hängen; sobald sie eintrocknen, sind die Augen geheilt. Die Wurzeln soll man hernach in ein fließendes Gewässer werfen (Übertragungszauber). Eine andere Sage spielt in Rußland; hier stritten einst der Teufel und der liebe Gott. Der Teufel wollte dem Menschen einen Finger abbeißen. Gott antwortete: »Ich werde dann ein Kraut schaffen, das die Wunde heilen kann!« Und so geschah es. Da biß der Teufel auch dem Kraut ein Stück Wurzel ab. Gott aber ließ kleine Wurzeln an den Seiten heraussprießen, welche die Pflanze lebensfähig erhielten. In Estland ist es der heilige Petrus (»St. Peterskraut!«), der die Wurzel abgebissen hat. Als er einst mit seinem Herrn und Meister spazieren ging, wurde er von heftigen Leibschmerzen befallen. In seiner Not riß er eine Pflanze vor sich aus der Erde, biß ein Stück von der Wurzel ab und fühlte sich auf der Stelle erleichtert. Seitdem hat das Kraut eine abgebissene Wurzel, die den Abdruck der Zähne erkennen läßt, und noch heute heilen die Esten Leibschmerzen mit diesem Kraut.

Nach einer christlichen Legende hat ein Engel dem heiligen Bonifatius den Teufelsabbiß als Mittel gegen Halsschmerzen und gegen die Bräune gezeigt.

TOLLKIRSCHE.

Tollkirsche   *Atropa belladonna*

Andere Namen
Teufelsbeere, Walkerbeere, Tollkraut, Schlafkirsche, Irrbeere

Pflanzensteckbrief
Die bis 1,50 Meter hohe, ausladende, verästelte Staude hat geradran-
dige, in den Stengel verlängerte Blätter und glockige, braun-violette
Blüten in einem fünfzipfeligen grünen Kelch. Die Frucht ist eine an-
fangs grüne, dann schwarze, glänzende, fast kirschgroße Beere mit
violettem Saft, umfaßt vom fünfzipfeligen Kelch. Oft befinden sich
Blüten und Früchte an demselben Strauch. Die Tollkirsche blüht von
Juni bis August an schattigen Waldwegen, unter lichtem Gehölz, auf
Kahlschlägen.

Heilwirkung und Giftwirkung
Der Genuß der Pflanze, besonders der Beeren, führt wegen der giftigen Inhaltsstoffe (Atropin, l-Hyoscyamin) zu Lähmungen im vegeta-
tiven Nervensystem und schließlich zum Tod im Koma durch zentrale
Atemlähmung. Fortschreitend treten dabei folgende Symptome auf:
Pupillenerweiterung, Bewegungsunruhe, trockene Mundschleim-
haut, Rededrang, Erregung, Herzjagen, groteske Bewegungen, Halluzinationen, Realitätsverlust, Lähmungen, Delirium, Bewußtseins-
trübung, Apathie und Tod. Medizinische Anwendung in der Augen-
heilkunde, bei Asthma, Parkinson, Koliken und zur Lösung von
Krämpfen (Magen, Darm, Galle, Harnwege). Früher auch als Augen-
kosmetikum (bella donna = schöne Dame!).

Volksglauben
Die Tollkirsche gehört – wie Stechapfel, Bilsenkraut und Mandragora
– zu den Nachtschattengewächsen. Sie war – wie diese – früher ein
Hauptbestandteil der sogenannten Hexensalben und -tränke, jenen
Mitteln also, mit denen sich die Hexen stärkten, um durch die Lüfte
zu schweben, Mäuse und Unwetter herbeizuzaubern, Mensch und
Tier zu verwünschen, Tiergestalten anzunehmen, erotische Träume
zu haben und sich – unter Leugnung Gottes – dem Teufel hinzugeben
und seinen Anweisungen blindlings zu gehorchen. Da das Gift der

89

Nachtschattengewächse, besonders der Tollkirsche, erwiesenermaßen Halluzinationen hervorruft, waren die Hexenmittel durchaus geeignet, dem, der sie anwandte, individuelle, dem damaligen Zeitgeist entsprechende Wunschvorstellungen wie Luftreisen, orgiastische Ausschweifungen, Verwandlungen und Wundertaten vorzugaukeln. Diese Vorstellungen waren so echt, daß der Betreffende sie nach dem »Trip« für real erklärte und selbst »Dichtung und Wahrheit« nicht mehr auseinanderhalten konnte. Diese Wirkung bestätigen auch Selbstversuche von Wissenschaftlern aus den verschiedensten Jahrhunderten. »Hexen«, d. h. diejenigen, die man in Hexenprozessen als solche anklagte, wurden nicht selten gezwungen, Tollkirschenmittel zu schlucken, damit sie in zwanghaften Rededrang verfielen, phantasierten und sich selbst bezichtigten. Wie eine richtige Sabbat-Orgie aussah (deren Schilderung so oder ähnlich von den Inquisitoren auch erfoltert wurde), berichtet uns Johannes Prätorius in seiner »Blocks-Berges-Verrichtung« (1668):

»Sieh wie die teufflisch Hexen-Rott,
nachdem sie hat verläugnet GOTT
gantz schrecklich bey nächtlicher Zeit
suchet hie eine elende Freud,
bald auf ein Berg bald in ein Thal,
in öden Oertern überal,
da ihn der Teuffel samt den seinen
so schrecklich scheußlich thut erscheinen,
daß man sich billich fürchten solt
und solchem Spiel werden abholt.
Seind ihr doch viel, ja gantze Schaaren,
so ungestüm zusammen fahren,
etlich auff Gabeln in der Lufft,
fahren über hohe Berge und Klufft,
andre kommen daher auff Drachen,
etlich auff Bock sich reitend machen,
ein die ander lockt herbei,
da man sie lehrt die Zauberey.
Diese lehrt das Gift bereiten,
ein anderer viel Zeichen deuten,
etliche bringen zu die Nacht
mit fressen, sauffen über Macht.

Ja andere seyn gar so verrucht,
treiben mit dem Teuffel Unzucht.
Die übrigen sind bey dem Reyen (Reigen)
und sich mit tantzen thun erfreuen.
Bei ihnen auch stetig auffahrt
scheußlicher Thier mancherley Art,
als Katzen, Schlangen, Kröten und Eul,
so machen ein schrecklich geheul.
Solchs ist ihr Lust, biß sie nach Jahren
zur Höllen mit dem Teuffel fahren.«

Fragt man nach den Rezepten, nach denen die Hexen z.B. ihre Flug-
salben herstellten, so sind die Aussagen der Hexenprozesse in der Regel wenig ergiebig. Die Hexe erhielt ihr Rezept direkt vom Teufel und
nahm es wohl meist mit in ihr Grab. Umso mehr beschäftigten sich die
Gelehrten der damaligen Zeit (Cardanus, Weyer, Paracelsus u.a.) mit
den Zusammensetzungen von Salben, Mus und Tränken der Hexen.
So lesen wir bei Giambattista Porta in seiner »Magia naturalis« von
1589: »wie die Hexensalbe zugerichtet werde, bei welcher zwar viel und
mancherley Aberglauben mit unterlauffe, doch gleichwohl auch viel
natürliche Krafft dabei verborgen stecke. Sie wollen aber ein gewisses
Fleisch kochen in einem Kessel mit Wasser, und das oben schwimmen-
de Fett abnehmen, das andere aber stark einsieden und behalten: hernach diese Materien vermischen mit Epfig (Sellerie), Wolfswurtz (Eisenhut), Pappelzweigen und Weyrauch. Oder sie sollen auch nehmen
Wasser-Merck, Ackerwurtz (Quecke), Fünff-Fingerkraut, Fledermaus-
blut, Nachtschatten und Oel, und eine Salbe daraus machen. Wenn sie
sich nun damit schmieren und die Glieder wohl damit reiben, daß sie
roth, und das Fleisch locker, die Schweiß-Löchlein aber offen werden,
thun sie Fett oder Oel darüber her, daß die Säffte hineindringen, und
die Würckung desto stärker werden.« Übereinstimmende Angaben be-
sagen, daß Auszüge der Nachtschattengewächse Tollkirsche, Bilsenkraut, Stechapfel und Mandragora, daneben auch die Giftpflanzen
Taumellolch, Schierling und Eisenhut genommen wurden, dazu in
manchen Fällen auch Mohn und indischer Hanf (ebenfalls halluzino-
gene Wirkung!). Das Ganze wurde abgerundet mit allgemein magisch
wirkenden Kräutern wie z.B. Wermut, Malve, Vogelknöterich und auf
der Basis von Fett hergestellt (das am besten von ungetauften Kindern
stammte), um das Eindringen der Wirkstoffe in die Haut zu fördern.

Können die Hexen nun wirklich fliegen? Der bereits erwähnte Giambattista Porta aus Neapel, ein Beobachter aller natürlichen Phänomene, beschreibt (1589) eine alte Vettel: »Nach dem sie nun außgezogen / hat sie sich gantz und gar / ich weiß nit mit was Salben / geschmieret / welches uns den durch ein spaltlein der Thüren wol ist zu sehen gewest. Also ist sie auß kreftiger wirkung der schlaffmachenden Salben zu boden gefallen / und in einen tiefen Schlaff versunken. Wir aber sind zugefahren / die Thür geöffnet / und ir die Haut ziemlich entbehrt (gegerbt). Aber so hert hat sie geschlaffen / daß sie es nit umb ein haar empfunden hette. Nach solchem sind wir wiederumb hinauß gewichen / der sachen weiters außwarten wöllen. So bald nun der Salbung kraft nachgelassen / ist sie einstmals erwachet / und viel seltzamer stemoneyen / wie sie über Berg und thal gefahren sey / erzahlet. Wir verneineten es / sie wolt recht haben / wir wiesen jhr die streich / aber es war verloren / in summa / es war bei ihr all unser fürnehmen und handeln / nit anderst / denn als der in einen kaltem Ofen blast.« Porta und andere Zeitzeugen konnten aber nur »beweisen«, daß die sogenannten Hexen nicht schwerelos durch den Schornstein stoben. An ihren Rauschvisionen und irrationalen Erlebnissen teilzuhaben, blieb ihnen versagt.

Hexensalben und -tränke also ein »Berauschungs- und Genußmittel des armen Volkes« mangels anderer, kostspieligerer Genüsse, wie der Pharmakologe H. Fühner 1925 feststellte? Vielleicht waren die Hexen die Drogenabhängigen von damals. Sie mußten dafür aber meistens, genauso wie unzählige unschuldig Verdächtigte, mit Folter und Tod bezahlen. Wie stark die wunderlichen Trugbilder sein konnten, bezeugt ein Selbstversuch des Göttinger Professors und bekannten Völkerkundlers Will-Erich Peuckert (1895–1969) anhand eines Rezeptes aus der »Magia naturalis« von Porta. Peuckert und ein befreundeter Rechtsanwalt salbten sich an den Schläfen und Achselhöhlen ein und verfielen bald in einen rauschähnlichen Schlaf, aus dem sie mit argem »Kater« erwachten. »Wir hatten wilde Träume. Vor meinen Augen tanzten zunächst grauenhaft verzerrte menschliche Gesichter. Dann plötzlich hatte ich das Gefühl, als flöge ich meilenweit durch die Luft. Der Flug wurde wiederholt durch tiefe Stürze unterbrochen. In der Schlußphase schließlich das Bild eines orgiastischen Festes mit grotesken sinnlichen Ausschweifungen.« Die Notizen weiterer Versuchspersonen stimmten weitgehend damit überein. Peuckert schloß daraus: »Für mich besteht nach diesem Experiment kein Zweifel mehr, daß es im Mittelalter Frauen gegeben hat, die vermutlich die gleiche oder eine ähnliche Salbe benutzt haben und entsprechende Rauscherlebnisse hatten. Hinterher haben sie dann vermutlich den Traum für bare Wirklichkeit gehalten.«

· VEILCHEN ·

Veilchen *Viola odorata*

Andere Namen
Duftveilchen, Märzveilchen, Osterveilchen, Marienstengel

Pflanzensteckbrief
Die bis zehn Zentimeter hohe Pflanze besitzt grundständige, nieren-
förmige, gekerbte Blätter und dunkelviolette, duftende, langstielige
Blüten, welche aus der Blattrosette entspringen; sie blüht von März
bis April an Hecken, trockenen Gebüschen und Waldrändern; gesammelt wird die ganze Pflanze, ohne Wurzel, im April und Mai.

Heilwirkung
Tee-Aufgüsse, Abkochungen und Kaltauszüge werden – nicht über
längere Zeit! – als krampf- und schleimlösendes Mittel verwendet bei
allen Formen von Husten und Bronchialkatarrh, oft in Verbindung
mit Quendel und Schlüsselblume. Verwandt ist Viola tricolor, das drei-
farbene Veilchen, das auch äußerlich bei Hautleiden empfohlen wird.

Volksglauben
Nach griechischer Sage schuf Gaia, die Erdmutter, das Veilchen für
Io, die Geliebte des Zeus und Priesterin der Hera. Die Bilder der
Hausgötter und die Fackeln und Stäbe der Mänaden beim Fest des
Dionysos wurden mit Veilchen, Efeu und Weinlaub geschmückt. Veil-
chenkränze bewahren nach römischer Ansicht (Plinius d. Ä.) vor
Rausch und Kopfweh – eine Meinung, die auch im Mittelalter noch
vertreten wird: »Violen gerochen / oder das Kraut auf dem Haupt
getragen / vertreibet die Trunckenheit«, sagt Lonitzer in seinem
Kräuterbuch von 1679. Otto Brunfels (1532) gibt noch eine andere
interessante Wirkung bekannt: »Für das abnemmen.« Nach nordi-
scher Sage war das Veilchen dem Kriegsgott Tyr (Tys) geweiht und
hieß daher auch Tysfiola. Nach einem Mythos in Sachsen gab es bei
den Wenden einen Gott Czernebogh, der ein herrliches Schloß be-
saß. Als das Christentum im Lande siegte, wurde sein Schloß in einen
Felsen, seine schöne Tochter aber in ein Veilchen verwandelt. Dieses
darf nur alle hundert Jahre einmal blühen; wer es dann findet und
pflückt, erlöst die Tochter und gewinnt sie mit allen ihren Schätzen.

Kultische Bedeutung hatte das Veilchen auch bei unseren Vorfahren. Als Frühlingsblüher und Bote des wiedererwachenden Jahres ragt es aus dem Kreis der anderen Pflanzen, die später wachsen und blühen, heraus. Diese »Vormachtstellung« teilt es zum Beispiel mit dem Buschwindröschen, der Schlüsselblume, dem Gänseblümchen und dem Seidelbast. Wie diese war auch das Veilchen in der Lage, das ganze Jahr über vor Fieber zu schützen, wenn man die drei ersten im Frühjahr gefundenen Blumen pflückte und möglichst nüchtern am Ostermorgen aß. Schon Plinius (23–79 n. Chr.) weist in seiner Naturgeschichte auf eine ähnliche Sitte bei den Römern hin. In Thüringen bestand der Brauch, sich mit den drei ersten Veilchen des Jahres über die Augen zu fahren, damit man das ganze Jahr über keine »bösen« Augen bekommt. Im ganzen süddeutschen Raum und in Österreich dürfte es im Mittelalter Brauch gewesen sein, das erste im Frühling gefundene Veilchen an eine Stange zu binden, die dann von der Dorfbevölkerung umtanzt wurde. So berichtet Hans Sachs von einem Streit zwischen Nithart Fuchs und den Bauern aus der Gegend um Wien: Nithart wollte das erste, von ihm in einer Donau-Aue gefundene Frühlingsveilchen dem Herzog Otto zeigen, bedeckte es mit seinem Hut und eilte an den Hof, um den Herzog zum Frühlingsfest zu holen. Was dann folgte, beschreibt Anton von Perger in seinen »Deutschen Pflanzensagen« (1864) wie folgt: »Während seiner (Nitharts) Abwesenheit kam ein Bauer zu dem Hut, riß das Veilchen ab,
»und ließ zurücke
Was sich nicht singen und sagen läßt«,
deckte den Hut wieder darüber und entfernte sich. Als nun Otto mit seinem Hofstaat an die Stelle kam und Nithart den Hut abhob, war man über die seltsame Bescherung nicht wenig überrascht. Die Wiener glaubten, daß Nithart sie absichtlich gefoppt hätte und waren so erzürnt, daß er sich nur durch augenblickliche Flucht retten konnte. Als Nithart dann aber sein Veilchen auf einer Stange erblickte und die Bauern darum tanzen sah, drang er mit dem Schwert auf sie ein und blieb von da an ein Gegner aller Bauern, so daß er den Namen »Bauernfeind« bekam.

Das Veilchen, das mit Lilie und Rose zusammen zu den drei beliebtesten Blumen gehören soll, ist auch eine Wunderblume, mit deren Hilfe man verborgene Schätze auffinden kann. So fand einmal ein

Schäferjunge ein großes Veilchen, das ihm sein Vater aber sogleich wegnahm, denn er hatte geträumt, er würde eine Blume bekommen, an welcher er dreimal riechen müsse. Nachdem er dies getan hatte, erschien ihm ein kleines Männlein und bedeutete ihm zu folgen. Beide gingen in eine Höhle, in welcher noch zwölf weitere Männlein an einer Tafel saßen und speisten. Als der Mann nach Hause zurückkam, fand er dort Geld, Schafe und Pferde, die ihm die Zwerge geschenkt hatten.

Ob das Veilchen wohl auch jene blaue Blume ist, die als »Kräutlein unbekannt« in vielen Sagen eine Rolle spielt und mit der man Schätze heben kann, muß der Phantasie der geneigten Leser(innen) überlassen bleiben. Nach diesen Sagen und Legenden findet ein Auserwählter eine Wunderblume oder erhält sie geschenkt. Durch sie erkennt er, daß Felsen oder Berge vor ihm plötzlich Tür und Tor haben, die sich beim Berühren mit der blauen Blume öffnen. Dahinter breiten sich unermeßliche Schätze aus, deren er sich nach Herzenslust bedienen kann. Dabei hört er eine Stimme rufen: »Vergiß das Beste nicht!« Er legt die Blume ab, belädt sich mit Schätzen und verläßt die Höhle. Hinter ihm fällt das Tor dröhnend ins Schloß und der Eingang ist wieder und für alle Zeit unsichtbar geworden. Denn er hat das Beste – die Wunderblume – vergessen und kann nun nie mehr den Weg zu den Schätzen des Berges finden. Einiges spricht dafür, daß die blaue Blume das Vergißmeinnicht gewesen sein könnte, das bei anderen germanischen Völkern (z.B. den Engländern, Schweden, Dänen, Norwegern) – übersetzt – denselben Namen trägt. So heißt das Vergißmeinnicht beispielsweise auf englisch »forget-me-not«. Wer Vergißmeinnicht bei sich hat, der will »seiner Liebsten nicht vergessen zu keiner Zeit«, wie es die »Bedeutung der Blumen« von Grimm sagt. Manchem ist die Blume sogar so wichtig, daß er sie der schönsten Frau vorziehen würde, wie jener unbekannte mittelalterliche Dichter (aus einer Karlsruher Handschrift):

»Daz plawe plümlin hoffet auf genad,
und stünd die aller schönst junkfro davor,
den wechsel welt ich nit triben,
ich welt bi minem plawen plümlin beliben.«

·WEGWARTE·

Wegwarte *Cichorium intybus*

Andere Namen
blaue Sonnenwende, Feldzichorie, wilde Endivie, Sonnenwirbel, Weg-
leuchte

Pflanzensteckbrief
Die bis 1,20 Meter hohe ästige Pflanze hat große, hellblaue Blütenscheiben; die Blätter sind oben ungeteilt und stengelumfassend, unten gezähnt; die zähen, verzweigten Stengel enthalten einen bitteren
Milchsaft. Die Blütezeit ist Juli bis August; man findet sie an Straßen-
und Wegrändern sowie auf Trockenrasen. Verwendet wird die im
Frühjahr oder Herbst gesuchte Wurzel oder das im Juli oder August
geerntete ganze Kraut.

Heilwirkung
Die magenanregenden und verdauungsfördernden, leicht harntrei-
benden Inhaltsstoffe bedingen eine medizinische Verwendung bei
Appetitlosigkeit, bei Beschwerden des Magens und der Galle und zur
Entschlackung des Körpers im Frühjahr.

Volksglauben
Die Wegwarte hat wegen ihrer himmelblauen Blüten, welche sich bereits am frühen Nachmittag verwelkend schließen (mit dem Aufgehen der Sonne entfalten sich täglich neue blaue Blütenkörbe, die bis
zum Abend schon wieder verwelkt sind) und an Regentagen über-
haupt nicht aufgehen, schon früh die Phantasie der Menschen beflügelt. Paracelsus glaubte, daß sich die Blüten nach der Sonne drehen
und ihre Kraft im Sonnenschein am größten sei, daß aber die Wurzel
sich nach sieben Jahren in einen Vogel verwandele. Otto Brunfels,
einer der »Väter der Botanik«, schließt in seinem Kräuterbuch von
1532 auf die Wunderkraft der Wegwarte aus der Tatsache, daß sie sich
»rot wie blut« verfärbe, wenn man sie in einen Ameisenhaufen legt.
(Diesen – heute als Lackmusversuch bekannten – Effekt kann man zu
Hause selbst mit Essig oder Zitronensaft überprüfen!) Der Sage nach
blüht die Wegwarte morgens dunkelblau, mittags lichtblau und
abends weißlich. Sie ist eigentlich eine verzauberte Jungfrau, die aus

Gram um ihren Geliebten am Wege wartend saß und in eine Blume verwandelt wurde. Hans Vintler, der um 1410, nach einer italienischen Vorlage, seine »pluemen der tugent« dichtete, sagt von der Pflanze:

>»Und vil die iehen (sagen), die Wegewart
>sey gewesen eyn frawe zart
>und wart (wartet) irs pulen (Buhlen) mit smertzen.«

Es geht auch die Sage, daß einer Prinzessin in blauem Kleid einst der Geliebte untreu geworden war. Sie wollte einerseits vor Leid sterben, andererseits aber doch am Leben bleiben, um ihn immer wieder sehen zu können. Gott hatte Erbarmen mit ihr und verwandelte sie in eine Wegwarte. Auch wird erzählt, daß ein Mädchen sieben Jahre lang um den in der Schlacht gefallenen Geliebten geweint habe. Als man ihr nahelegte, sich wieder den Lebenden zuzuwenden, habe sie erwidert:

>»Eh als ich laß das Weinen stehn,
>Will lieber ich auf die Wegscheid gehn,
>Eine Feldblum dort zu werden.«

In Österreich erzählt man sich die Sage etwas abgewandelt. Ein schönes Mädchen, welches jahrelang vergeblich auf die Rückkehr ihres geliebten Ritters aus dem Kreuzzug gewartet hatte, wurde schließlich von ihren Eltern gedrängt, auf den vergebens Erwarteten zu verzichten und einen anderen Bewerber zu erhören. Das Mädchen habe sich jedoch geweigert mit den Worten: »Ich will lieber am Wege sitzen und solange warten, bis er kommt, dem ich Treue gelobt habe.« Daraufhin habe sie der erboste Vater verflucht: »Dann sitz' und warte bis in alle Ewigkeit!« und die treue Braut wurde zur Blume Wegwarte am Wege. Wo alle Wegwarten als verzauberte Menschen gelten, stehen die vielen blauen für die bösen, die seltenen weißen aber für die guten Menschen.

Man kann sich der Liebe jedes Menschen versichern, den man mit einer Wegwartwurzel berührt. Diese muß aber am St. Peterstag (29. Juni, Peter und Paul) mit einem Hirschgeweih eine halbe Stunde vor zwei Uhr am Mittag oder mit Hilfe eines Holzstücks, in das bereits der Blitz eingeschlagen war, ausgegraben werden, ohne sie mit den Händen zu berühren. Die Wegwarte, die man bei sich trägt, schützt vor dem Gefesseltwerden; sogar wenn man im Schlafe gebunden wird, springen die Stricke beim Erwachen von selbst auf. Legt man die

Wurzel vor dem Einschlafen unter das Kopfkissen, so kann man, wenn man bestohlen wird, den Dieb im Traum erblicken. Nach slowakischem Glauben hingegen erscheint den Mädchen der »Zukünftige« im Traum. Schließlich macht die Wegwarte ihren Träger auch unverwundbar. In einem handgeschriebenen Zauberbüchlein aus dem Egerland über »Krafft- und Tugendbeschreibung der edlen Blume Wegewart« heißt es:

»Wie dieses gewächs in ihrer Kraft und Wirkung
gegraben wird, so kann sich darmit verwahret werden
wider alle seine Feinde, es seye im Sturm oder
sonsten in einer Action, du kannst alle Kugeln ab-
weisen, und wann dich einer gleich mit dem Degen
wollte hauen oder stechen, so wird ihm sein Schwert
oder Degen in Stücken zerspringen, und nirgens schaden können, auch kann man dich nicht mit Stricken binden, da sie entzwei gehen wie ein Faden...« (nach A.
John, 1905)

Die weißblühende Wegwarte – es gibt tatsächlich eine helle, blaßblühende Abart! – ist selten und läßt sich in der Regel nur von Sonntagskindern finden. Wenn man sie entdeckt, muß man sie sofort an einen Stock binden, sonst ist sie am anderen Morgen verschwunden. Sie vermag Dornen aus der Haut zu ziehen und macht ihren Träger hieb-, stich- und schußfest. In einer Münchener Handschrift des 15. Jahrhunderts findet sich der folgende Segnungsspruch: »creutle, i prich dich in dem namen unsers herren Jesu Christi und in des namen kraft, und alß unser herre die juden ansah und im nichts geschah, als (also) muß aller meiner feind hertz und gemuet und kraft nider vallen vor disem und mir nichs geschehen, und sie all nider fallen, in nomine patris et spiritus sancti Amen. Item die V pater noster.« Daß die Pflanze »hieb- und stichfest« macht, wird auch bei anderen Autoren beschrieben: In Schröders »Trefflich versehene medizinisch-chymische Apotheke« (Nürnberg 1685) heißt es: »Die Zigeuner und Marktschreyer halten die Wegwarten mit weißen Blumen vor das größte Geheimnüs sich damit wider all Stich zu verwahren.« Die Wegwarte konnte zudem unsichtbar machen, wenn man sie am Jakobstag (25. Juli) mittels eines Goldstücks und ohne dabei zu sprechen ausgegraben hatte. Auch steckte man sie in den Flachs, um ihn fein zu rösten.

·ZAUNRÜBE·

Zaunrübe *Bryonia dioica*

Andere Namen
Gicht-, Hecken-, Toll-, Hunds-, Roß-, Teufelsrübe, Hundskürbis, falsche Alraune, Stickwurz

Pflanzensteckbrief
Aus einer großen, rübenförmigen, mehrere Kilogramm schweren, nach unten verästelten Wurzel erheben sich einige dünne, bis drei Meter lange, verzweigte, mit Ranken kletternde Stengel. Diese tragen fünflappige, efeuähnliche Blätter und fünfzählige blaßgelbe Blüten (die weiblichen klein, die männlichen etwas größer) in Trauben, mit im Herbst leuchtenden roten, erbsengroßen Beeren. Blütezeit: Juni bis Juli. Die Zaunrübe wächst an Hecken, Gebüschen, Zäunen, im Unterholz der Waldränder.

Heilwirkung
die bitter und scharf schmeckende Wurzel enthält Glykoside und ist – wie die gesamte Pflanze – wegen ihrer Giftigkeit nicht zur Selbstbehandlung geeignet. Sie dient als Ausgangsstoff für Heilmittel gegen Gicht, Rheuma, Arthritis, Verstopfung und, besonders in der Homöopathie, bei Erkrankungen des Bauch- und Brustfells.

Volksglauben
Die mächtige, im Mißverhältnis zu den übrigen zartgliedrigen Teilen der Pflanze stehende Wurzel hat die Einbildungskraft unserer Vorfahren stark angeregt. Landleute hingen sie als Wetterschutz in ihren Häusern auf und trugen sie am Hals, damit sich keine Hexe an sie heranwagte. Auch als Liebeszauber war sie wirksam. So legten im Rheinland Mädchen, bevor sie zum Tanz gingen, eine Scheibe »Körfgeswurzel« in die Schuhe, um bei den Tänzern Erfolg zu haben:
»Körfgeswurzel an den Schohn
hat es manchem angedohn«,
oder auch:
»Körcheswurzel in meinem Schuh,
ihr Junggesellen, lauft mir zu!«

Zaunrüben schnitt man den Kühen ins Futter, damit sie nicht beschrieen werden konnten oder blaue Milch gaben. Auch die Gicht wurde mit der Zaunrübe geheilt, und zwar durch »Übertragung«: Man ließ den Kranken zur Ader, füllte sein Blut in eine ausgehöhlte Zaunrübe und begrub diese dann an geheimer Stelle in der Erde.

Die größte Bedeutung erhielt die Zaunrübe aber durch ihre Verwendung als Alraun-Ersatz. Da die echte Alraune, die Wurzel der Mandragora (eines Nachtschattengewächses aus dem Mittelmeerraum) sehr teuer und selten zu erlangen war, schnitzten »Landstreicher, Thiriak- und Wurmkremer« aus der Zaunrübenwurzel Nachbildungen und verkauften sie als Alraune. Ja selbst von »verloffenen christlichen Personen« mußte man feststellen, daß sie die Zaunrübe auf den Märkten »aufs lesterlichste und schendlichste« als liebesförderndes Mittel priesen und verkauften. Hieronymus Bock wetterte schon in der ersten Auflage seines Kräuterbuchs (1539): »etlich Landstreicher machen und schneiden Monstra aus dieser wurtzel, begraben sie in eyn dürren Sand etlich tag und verkauffen sie dann für Alraun.« In seiner späteren Auflage von 1551 wird er noch deutlicher: »… damit werden die einfeltigen Menschen überredet / kaufen also gedörrte Brionia für Mandragora / und wiewohl gleicher Betriegerei die Welt voll / ist doch niemands, der solchs zu wenden gedenckt / sonder vielmehr / wer solche Kunst betriegen und übereilen kann / in der Welt berümpt / den schreibt man als ein weltklugen dapfferen Menschen oben an usw. Doch so sollen die armen einfeltigen Menschen wissen das vorgemeldte Biltnuß oder Alraun der Wurmkremer / nit Mandragora sonder eittel betriegerei ist.«

Was aber war der echte Alraun bzw. die echte Alraune? Das deutsche Wort (althochdeutsch: alruna; »runa« = Geheimnis und »al« wohl von alf = Elfe) wurde auf die Wurzel der südeuropäischen Mandragorapflanze übertragen, welche einen menschenähnlich aussehenden Wurzelstock (mit Kopf, Armen und Beinen) besitzt (das »Galgenmännchen« aus der Sage!). Sie wuchs nach dem Volksglauben nur unter einem Galgen, an welchem ein Erbschaftsdieb gehängt wurde, dessen Leben sie gleichsam in sich aufnahm. Die seit alters bekannte Alraune war besonders bei den Arabern als Liebesmittel hoch angesehen und erleichterte die Geburt. Sie verhinderte das Behexen des Viehs und mehrte Gut und Geld, das sich verdoppelte, wenn es des Nachts neben eine Alraune gelegt wurde, und sie ließ einen immer vor Gericht gewinnen. Der Besitzer einer Alraune mußte diese jeden Freitag in rotem Wein baden, in ein Kleid von roter und weißer Seide hüllen und in ein Mäntelchen von schwarzem Samt wickeln. Aus Dankbarkeit für solche Pflege offenbarte sie ihm dann verborgene Dinge und die Zukunft. Sie konnte immer nur auf den jüngsten Sohn, nicht auf den ältesten, vererbt werden.

Der Alraun-Glaube ist durch Händler und Gelehrte aus dem Orient nach Europa gelangt. Schon in der Genesis ist die Rede von einer Liebespflanze »dudaim« (von Luther mit »Liebesäpfel« übersetzt!), mit der die Mandragora gemeint ist. Von den Ägyptern der 18. Dynastie (1550–1350 v. Chr.) stammt eine Pflanzendarstellung der Mandragora auf einer Grabwand. Theophrast (3. Jahrhundert v. Chr.), ein Schüler des Aristoteles, erwähnt in seiner »Naturgeschichte der Gewächse«, daß man die Alraune zuerst mit einem Schwert umschreiben und dann mit dem Blick nach Westen ausgraben müsse. Dioscurides, ein Zeitgenosse des Theophrast, teilt mit, daß sie »von ettlichen Circaea genennt / und dasselbige von wegen der Hexen vnd Zauberin Circe, die weil es zu den Zauberreyen der Liebe wird gerühmt.« (Übersetzung von 1610) Josephus Flavius, der jüdische Geschichtsschreiber aus dem 1. Jahrhundert n. Chr., nennt die Pflanze nach dem Tal, in dem sie wachsen soll, »baara« und berichtet über eine seltsame Art, die Wurzel zu bekommen: »Man umgräbt sie rings so, daß nur noch ein kleiner Teil der Wurzel unsichtbar ist. Dann bindet man einen Hund daran, und wenn dieser dem Anbinder schnell folgen will, so reißt er die Wurzel aus, muß sich aber für den, der die Pflanze haben will, auf der Stelle opfern«. D. h. der Hund stirbt, weil ansonsten der Mensch gestorben wäre. Mit der Alraune lassen sich die bösen Geister aus den »Besessenen« vertreiben, wenn man sie den Kranken nur nahebringt. Im Mittelalter überwiegt, wohl aufgrund der vielen Fälschungen, eine etwas kritischere Haltung zur Alraune. Das geht aus den weiter oben genannten Äußerungen des Hieronymus Bock hervor und ist auch bei Paracelsus oder Mattiolus nachzulesen. Aber obwohl Herzog Maximilian von Bayern 1611 das »Landgebott wider Aberglauben, zauberey, hexerey und andere sträfliche teuffelskünste« erließ, in welchem »die mandragoram oder alraun« ausdrücklich erwähnt wurde, blühte der Glaube an ihre Zauberkraft kräftig weiter. Noch heute sind in der Wiener Hofbibliothek Alraune zu bestaunen, welche aus dem Besitz Kaiser Rudolphs II. (1576–1612) stammen. Auch die Jungfrau von Orleans soll, wie aus den Aufzeichnungen ihres Verhörs zu entnehmen ist, eine Alraune bei sich getragen haben. Doch auch damals war man sich schon bewußt, daß sie nicht alles heilen konnte, denn Hans Sachs, der Schuhmacher und Poet aus Nürnberg (1494–1576), reimte: »Das sein die Qualen und die vergiften Wunden, dagegen auch kein Saft und Labsal wird gefunden, es ist kein Allraun, Wort und Murmeln dafür gut.«

Literatur

Beschreibung der Pflanzen:

Fischer – Krug, Heilkräuter und Arzneipflanzen, 7. Auflg. Heidelberg, 1984.
Gessner – Orzechowski, Gift- u. Arzneipflanzen v. Mitteleuropa, Heidelberg, 1974.
Weustenfeld, Heilpflanzen, Melsungen, 1984.
Wichtl, Teedrogen, 2. Auflg. Stuttgart, 1989.

Volksglauben:

Becher, Joh. Joachim: Parnassus medicinalis, 1663.
v. Bingen, Hildegard: Consae et curae, Heilwissen, Freiburg, 1992.
Bock, Hieronymus: New Kreutterbuch, Straßburg, 1539 (1546 gab er ein neues, bebildertes Kräuterbuch heraus).
Brunfels, Otto (frühere Schreibweise: Brunnfelß, Otho): Contrafeyt Kreüterbuch, Straßburg, 1532/1537.
Chemnitzer Rockenphilosophie, 1707.
Claßen – Weustenfeld: An Sauerländer Wegen, Arnsberg, 1993.
Disocorides, Pedacius: Kräuterbuch, dt. von Danzius u. Uffenbach, Frankfurt, 1610.
Engel, F. M.: Zauberpflanzen Pflanzenzauber, Hannover, 1978.
Frank von Wörd, Sebastian: Weltbuch oder Cosmographey, 1534.
Franz, A.: Die kirchlichen Benediktionen, Freiburg, 1909, Nachdruck Graz 1960.
Grimm, Jakob und Wilhelm: Die Bedeutung der Blumen und Blätter, in: Zeitschrift »Altdeutsche Wälder«, 1. Bd., Kassel, 1813.
Gessmann, G. W.: Die Pflanzen im Zauberglauben, Nachdruck der Ausgabe von 1922, Den Haag, o.J.
Haerkötter, G. u. M.: Hexenfurz und Teufelsdreck, Frankfurt, 1986.
Heilmann, K. E.: Kräuterbücher in Bild und Geschichte, Nachdruck, Grünwald b. München, 1964.
Kronfeld, M.: Donnerwurz und Mäuseaugen, Nachdruck der Ausgabe von 1898, Berlin, 1981.

Lonitzer, Adam (frühere Schreibweise: Lonicerus, Adamus): Kreuterbuch, Frankfurt, 1679.

Marzell, H.: Die heimische Pflanzenwelt im Volksbrauch und Volks-
glauben, Leipzig, 1922
Die Pflanzen im deutschen Volksleben, Jena, 1925
Zauberpflanzen Hexentränke, Stuttgart, 1963.

v. Megenberg, Konrad: Buch der Natur, Augsburg, 1350 und 1482.

Montanus (eigentl. Zuccamaglio): Die deutschen Volksfeste, Iser-
lohn, 1858.

Paracelsus: Von den natürlichen Dingen, 1525.

Perger, A. Ritter von: Deutsche Pflanzensagen, Nachdruck der Ausgabe von 1864, Leipzig, 1987.

Porta, Giambattista della: Magia naturalis, 1589.

Schöffer, Peter: Gart der Gesundheit, 1485.

Tabernaemontanus, Jacob. Theodor.: Neu Vollkommen Kräuter-
Buch, 1588, fortgeführt durch Caspar. Bauhinus, Basel, 1687.

Vintler, Hans: Pluemen der Tugent 1410, 1486.